이영희의
공간을 만드는 수납

이영희의
공간을 만드는 수납

초판 1쇄 인쇄 2012년 4월 7일
초판 1쇄 발행 2012년 4월 17일

지은이 이영희
펴낸이 이대희
펴낸곳 지훈출판사

기획편집 허남희
마케팅 윤태영
교정, 교열 이상희
디자인 디자인 올
경영지원 안지영, 김정미
공급처(서경서적)
전화 02-737-0904 **팩스** 02-723-4925

출판등록 2004년 8월 27일 제300-2004-167호
주소 서울시 종로구 내자동 167-2 인왕빌딩 1층
전화 02-738-5535
팩스 02-738-5539
E-mail jihoonbook@naver.com

편집저작권ⓒ2012지훈출판사
ISBN 978-89-91974-39-5 13590

숨어 있는
공간을 찾아내어
마술같이 수납한다

이영희의
공간을
만드는 수납

이영희 지음

<u>수납의 원리와 정리의 힘을
라면 봉지를 이용해서 설명하겠습니다.</u>

라면을 끓일 때 라면을 빼내고 나면 라면 봉지 속에 스프 봉지를 넣어서 쓰레기통에 버리죠? 잘 접어서 버려도 바스락거리는 힘이 강한 라면 봉지의 특성상 봉지가 곧 부풀어 오릅니다.

이때 라면 봉지를 작게 접어서 스프 봉지 속에 넣어보세요. 머릿속으로 그려보기만 해도 부피가 아주 줄어든 걸 알 수 있지요? 자세한 것은 55쪽을 보세요. 라면 봉지에 스프 봉지를 넣던 것을 스프 봉지에 라면 봉지를 넣는 식으로 방법만 바꿨을 뿐인데 쓰레기 부피는 정말 많이 줍니다. 라면 봉지가 스프 봉지 이상으로 부풀어 오르지도 않고요.

얼마나 놀라운 수납의 원리인가요? 이런 원리대로 차곡차곡 공간을 정리하면 재미있고 신기한 수납과 정리의 마술이 펼쳐진답니다.

필요할 때 바로바로 찾아 쓰고, 쓰고 나서는 보이지 않게 꼭꼭 숨기는 마술 같은 수납 비법은 조금만 신경 쓰면 누구나 알 수 있고 할 수 있습니다.

이제 수납을 하려고 합니다.
이때 아주 간단하지만 중요한 수납의 원리를 기억하세요.

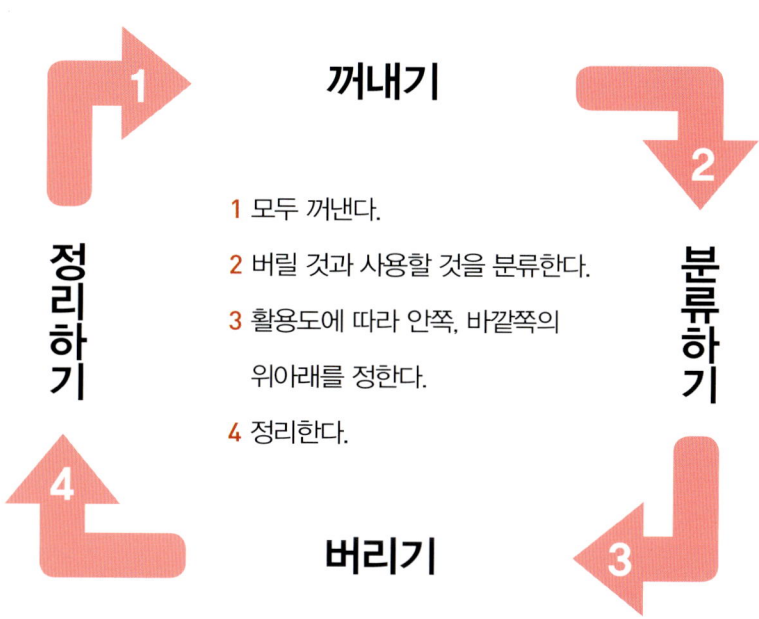

꺼내기

분류하기

버리기

정리하기

1 모두 꺼낸다.

2 버릴 것과 사용할 것을 분류한다.

3 활용도에 따라 안쪽, 바깥쪽의
  위아래를 정한다.

4 정리한다.

이 기본 틀에 맞춰 6개월이나 1년에 한 번씩이라도 생각날 때 정리
하면 좀 더 깔끔하고 쾌적한 공간에서 지낼 수 있을 거예요. 내가 행
복해야 가족도, 가정도, 나아가 국가도 행복해질 수 있답니다.
꺼내고 분류하고 버리고 정리하고, 꺼내고 분류하고 버리고 정리하
는 일을 반복하는 것, 즐겁게 수납하고 행복하게 살기 위해 필요한
일이라는 사실을 잊지 마세요.

차례

PART **4** 쓸모 있는 재활용

PART **3** 싹 바뀐 분위기

O

S

T

R

A

G

E

Open
Your
Heart

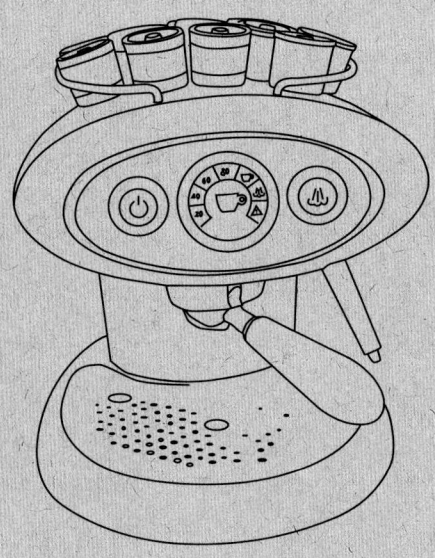

PART
1

깔끔한 정리

가방 정리

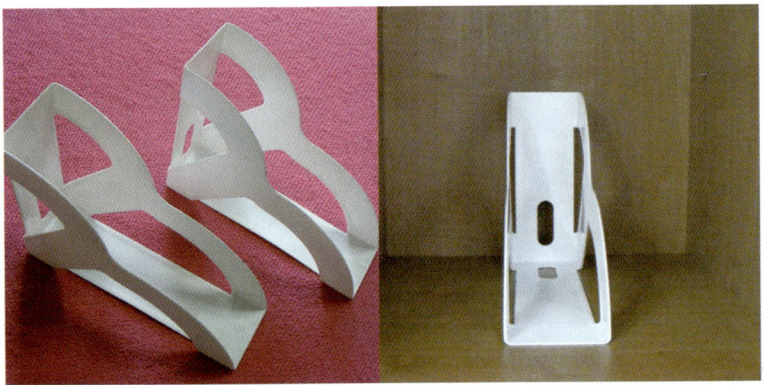

1 파일꽂이 하나를 옷장 가운데 넣으면 정리 공간이 셋으로 나뉩니다.

2 파일꽂이가 지지대가 되어 가방이 1개나 2개만 있어도 넘어지지 않게 받침대 역할도 해주니 편하고요.

3 나머지에도 마저 가방을 넣어 공간을 채웁니다.

4 아랫단이 다 차면 선반을 하나 얹고 위에도 가운데에 파일꽂이를 놓습니다.

5 아래와 마찬가지로 위에도 파일꽂이를 중심으로 가방을 넣습니다.

가방은 모양도 다양하고 크기도 제각각이어서 생각보다 정리하기가 쉽지 않아요. 옷걸이 같은 곳에 죽 걸어놓아도 보기 싫고 차곡차곡 쌓아두자니 지저분해 보입니다. 이럴 때 아주 쉽게 가방을 정리하는 방법이 있어요. 가방을 정리할 때는 파일꽂이 2개만 있으면 됩니다. 안 쓰는 책꽂이가 있으면 활용하거나 재활용품 모으는 곳에서 건질 수도 있어요. 참! 튼튼한 선물상자를 파일꽂이처럼 잘라서 사용해도 된답니다.

준비물
파일꽂이 2개

완성!

ARRANGE

가방이 깔끔하게 정리되었습니다.
그런데 가방이 왠지
통통해 보이지 않나요?

Tip

가방에 가방 정리하기
큰 가방 안에 작은 가방을 넣어서 보관하면 하나의 가방 안에 작은 가방 여러 개가 들어가 더 많은 가방을 정리할 수 있습니다. 가방 안에 가방을 넣을 때는 가장 안에 들어가는 가방이나 힘이 없어 흐느적거리는 가방에는 신문지를 구겨서 넣으세요. 신문지가 습기 제거에도 도움이 되고 가방 형태도 일그러지지 않게 모양을 잘 잡아주니 일석이조랍니다.

ARRANGE 2 거실 서랍장 정리

이렇게 해보세요

1 거실 풍경입니다. 오늘의 주인공인 서랍장 속을 상상해보세요.

2 페트병 윗부분을 가위로 오린 뒤 페인트칠을 하고 꽃무늬 시트지를 붙이면 근사한 집(?)이 만들어집니다. 하나하나 이렇게 만들기가 만만치 않다고요?

3 그럼 간단히 페트병 윗부분을 가위로 오린 뒤 이름표를 붙이세요.

4 필요한 만큼 같은 방법으로 만듭니다. 종류별로 분류하여 대충 넣어도 페트병 안에 있기 때문에 정리하기도 한결 편하고 필요할 때 찾기도 쉬워요.

여럿이 사용하다보면 거실 서랍장엔 자잘한 물건이 마구 뒤섞여 있게 됩니다.
손톱깎이, 건전지, 각종 연고… 이런 물건들을 찾기 쉽게 정리하는 방법이
없을까요? 이 작은 물건들에게 필요한 건 편하게 들어가 있을 집입니다.
다 쓰인 뒤에는 자기 집에 들어가 있어야 다음 사람이 쉽게 찾아서 쓸 수
있잖아요. 쓰고 나서 바로 제자리에 두는 일은 나도, 가족도 꼭 습관이 되게
해야 합니다.

준비물
페트병, 라벨지

다 정리했으면 하나하나 서랍장 안에 넣으세요.
마술을 부린 것처럼 깔끔하게 정리되었죠?

ARRANGE

Tip

이름표 만들기
이름표는 컴퓨터에서 예쁜 글
씨체로 프린트해서 사용해도
되고요. 잡지나 신문 등에서
커다란 글씨나 그림을 오려서
조합해서 사용해도 좋습니다.
이름표 위에는 투명 박스테
이프를 한번 붙이면 젖은 손
으로 만져도 글씨가 번지거나
더러워지는 일 없이 항상 깔
끔한 상태로 사용할 수 있답
니다.

딸 화장대 정리

이렇게 해보세요

1 화장대 문을 닫으면 아주 깔끔해 보입니다.

2 화장대 문을 열었더니 이렇습니다.

3 싼 바구니를 준비하여 바구니 안에 용품을 같은 종류끼리 분류하여 넣습니다.

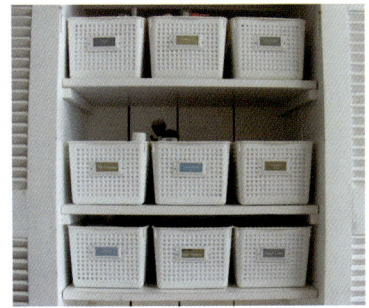

4 한 칸에 바구니를 3개씩 넣으니 거의 크기가 맞네요. 바구니마다 이름표도 달았어요. 바구니 9개로 정리하니 오히려 아래쪽에는 공간이 남아요.

딸 방에 화장대로 사용하라고 만들어준 갤러리 장이 있습니다. 제가 좋아하는 갤러리 문도 달려 있고 겉으로 보아서는 예쁜 가구입니다. 하지만 문을 열어보면 화장품이 뭐가 그렇게 많은지 어지러이 섞여 있는데, 다른 집들도 거의 비슷한 수준일 거라 생각해요. 이것을 저렴한 바구니를 이용해서 정리해볼게요. 여기서 포인트는 '찾기 쉽고 꺼내기 쉽게'입니다.

준비물
바구니

윗부분을 정리한 다음 아래쪽에도 다른 물건을 정리하라고 수납함을 더 넣었습니다.
손길이 한 번 갈 때마다 조금씩 달라지고 예뻐지는 모습이 보이지 않나요?

ARRANGE

완성!

모자 정리

이렇게 해보세요

1. 북 스탠드(책꽂이) 활용하기

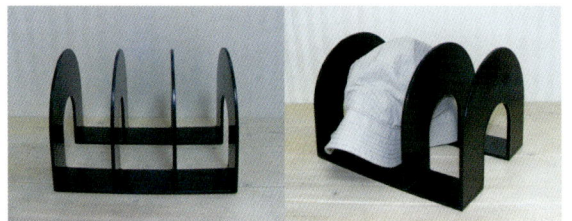

1 사계절 사용하는 챙모자, 겨울에 많이 쓰는 털모자, 등산용 모자, 여름용 벙거지 등 종류별로 나누어 칸 하나에 같은 종류를 5개씩 겹쳐서 정리합니다.

2 순식간에 깔끔하게 정리되었지요. 정리된 북 스탠드 틀은 단단하지만 무겁지는 않아서 흐트러짐 없이 여기저기 옮기기도 쉽답니다.

3 옷장 안 자투리 공간에 넣어놓고 사용해도 깔끔하고 편리합니다. 모자를 꺼낼 때 밀었다 당겼다 하기도 아주 쉽습니다.

2. 방문 뒤 활용하기

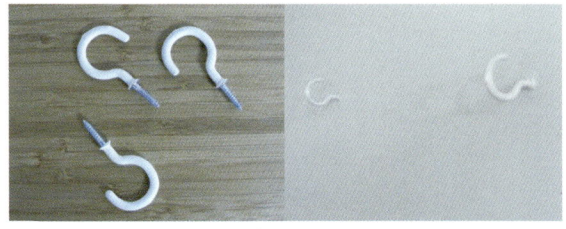

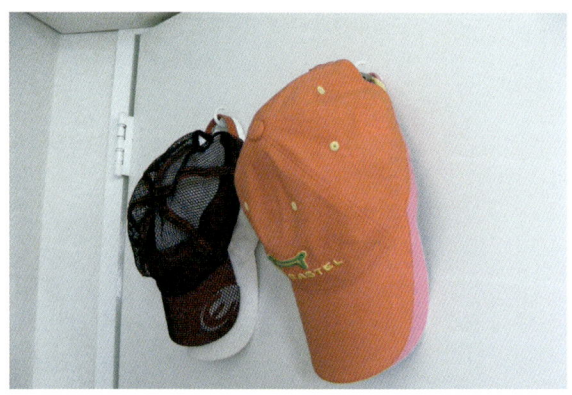

1 계절별로 그때그때 사용하는 모자를 보관하거나 걸어둘 때 좋아요. 방법도 아주 간단해요. 먼저 물음표같이 생긴 고리 2개를 문 뒤에 답니다.

2 고리에 모자 뒷부분 고리를 걸면 2개, 3개 겹쳐도 깔끔합니다. 찾기도 쉽고 꺼내기도 쉽고 사용한 뒤 다시 걸 때도 아주 편리하지요. 숨어 있는 공간을 활용하는 거라 눈에 잘 띄지도 않고요.

모자 정리하기는 생각보다 어렵더라고요. 하지만 사용하지 않는 책꽂이를
활용하거나 숨어 있는 공간을 이용하거나 바구니 하나로 모자 정리하는
방법이 있어요. 이 중 손쉬운 방법을 선택해서 정리하면 됩니다.

준비물
책꽂이, 모자걸이, 플라스틱 바구니

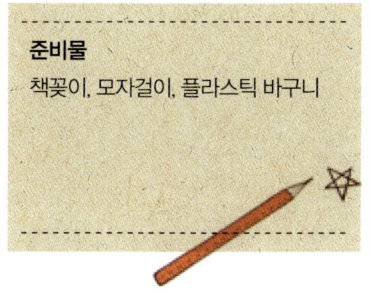

3. 바구니 활용하기

1 가장 안에 들어가는 모자 헤드 부분에 신문지 1~2장을 공처럼 구겨서 넣으면 모자 모양도 일그러지지 않고 습기도 막을 수 있으며 해충으로부터도 보호할 수 있어요.

2 위에서 보면 모자 2개가 정리되어 있는 것 같지만 캡모자 5개가 2줄로 10개나 들어 있습니다.

쇼핑백 정리

이렇게 해보세요

1 큰 쇼핑백 하나를 골라 반 정도 길이로 접습니다. 이 쇼핑백은 길이가 길지 않아서 조금만 접었어요.

2 쇼핑백을 세운 뒤 접은 선을 따라 윗부분을 안으로 밀어 넣어요.

3 다 밀어 넣은 뒤 완전하게 다시 한 번 선을 잡으면 다른 쇼핑백을 넣을 쇼핑백 가방이 완성됩니다.

어느 집이나 각종 쇼핑백이 틈새마다 꽂혀 있을 거예요. 예쁘다고 버리지
못하게 하는 딸아이를 위해서 쇼핑백을 정리하려고 합니다. 정리하면서 필요
없는 백은 버려야 훨씬 깔끔하게 정리할 수 있어요.

준비물
쇼핑백 여러 개

이렇게 만든 가방 안에 기다란 쇼핑백은
반으로 접고 그냥 들어가는 것들은
구김 없이 넣으면 깔끔하게 보관되고
위에서 보면 어떤 백인지 구분도 쉽게 되어
꺼내 쓰기도 편하답니다.

ARRANGE

완성!

Tip

쇼핑백 보관함
쇼핑백을 잘라서 사용하지 않고 접어서 안
으로 밀어 넣으면 훨씬 튼튼하고 단단한 보
관함이 됩니다. 꺾어 넣은 종이 한 겹이 얼
마나 단단한 틀을 만들어주는지 직접 확인
해보세요.

신발장 정리

1 먼저 가위로 손잡이 부분을 오리세요. 부드러워서 가위로도 쉽게 오릴 수 있어요.

2 신발을 오린 페트병 안에 한 짝, 그 위에 한 짝 올리세요. 페트병이 분리대 역할을 하여 운동화끼리 흙이 묻지 않고 신발이 위아래로 잘 정리됩니다. 이 방법으로 정리하면 신발장의 수납 공간이 2배로 늘어난답니다.

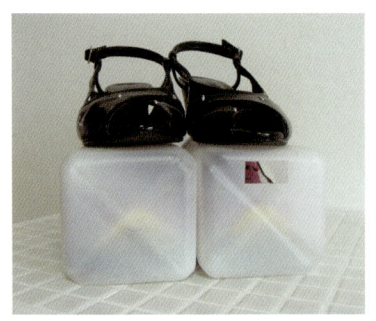

3 이번에는 페트병 2개를 이용해서 한 켤레씩 정리해볼게요. 아래에 한 켤레를 넣고 위에 한 켤레를 얹으면 되는데, 이때 안쪽에는 그 계절에 별로 안 신는 신발을 보관하세요.

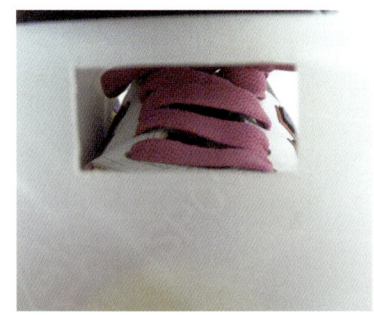

4 여기서 잠깐, 안에 보관해서 안 보이는 신발은 깜빡 잊을 수 있어요. 이럴 때는 페트병 뒤쪽에 구멍을 뚫어 그 구멍으로 들여다보면 어떤 신발인지 아주 쉽게 알 수 있답니다.

5 선반을 하나 빼내고 3켤레 반 들어갈 자리를 페트병으로 채우면 뒤로 3칸, 옆으로 7칸 페트병이 모두 21개 들어갑니다. 그래서 2단 7켤레 자리에 신발을 21켤레나 수납할 수 있어요.

수납할 때는 이것저것 여러 가지를 사용하기보다는 깔끔함과 통일성을
위해서 좀 더 나은 모양과 디자인이라고 생각하는 한 가지로 통일감을 주는
것이 무엇보다 중요합니다. 정리를 아무리 잘한다 해도 통일성이 없으면
어수선해 보여서 애쓴 것이 빛을 발하지 못한답니다. 이번에는 신발장을
정리하면서 안 신는 신발도 팍팍 정리할 거예요.

준비물
손잡이 달린 우유 페트병 1,800mL짜
리 30∼35개

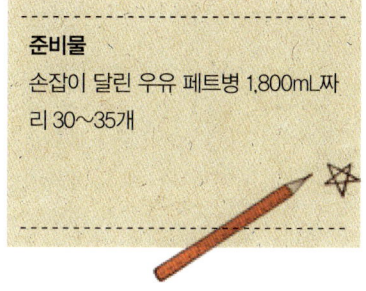

이번에는 페트병 한 개로
신발을 한 켤레씩 정리해볼게요.
신발이 깔끔하게 잘 들어갔죠?
뒤축이 구겨질까봐
걱정되신다고요?
절대로 뒤축 구겨지는
일 없이 넣기도 꺼내기도
쉽게 보관할 수 있답니다.

완성!

ARRANGE

Tip

신문지 활용법 1
신발장을 정리하다보니 잘 신지 않는 남편의 신발이 눈에 띄네요. 발목이 높은 캔버스 운동
화는 벗어놓으니 힘이 없어 찌그러지기도 하고 모양이 안 예뻐요. 이때 신문지를 구겨서 신
발 안에 넣으세요. 신문지가 신발 모양이 변형되지 않도록 형태도 잡아주고 습기도 잡아줍
니다. 신문이 신발에서 나는 냄새 제거에도 도움이 많이 된답니다.
스니커즈 사진 한번 비교해보세요. 왼쪽이 신문지를 안 넣은 모양이고 오른쪽이 신문지를
넣은 모양입니다. 왼쪽과 오른쪽의 신발 모양이 확실히 달라 보이죠?

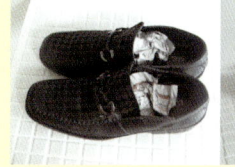

신문지 활용법 2
신발장을 열었을 때 신발 냄새가 독할 때도 신문지를 활용하면 좋아요. 신문지를 돌돌 말아서 작은 길이는 신발 사이사이에, 세로로 긴 길이는 뒤쪽 같은
공간에 가로로 길게 넣으세요. 신문지가 퀴퀴한 냄새를 흡수해서 도움이 많이 된답니다. 습기가 많은 장마철이나 여름철에는 좀 더 자주 새 신문지로 갈
아주는 것도 잊지 마세요.

옷장 정리

3 맨 아래에는 패브릭 정리함을 넣고 보관용 옷들과 일 년에 한두 번 사용하는 물건들을 보관했어요.

1 옷장은 대부분 큰 구획틀로만 이루어 졌기 때문에 필요에 따라 작게 나눠야 하는데 이때 선반만큼 좋은 것이 없어요. 빈 공간의 위에는 디귿자 모양으로 나무 선반을 3개 만들어 3단 선반을 얹었습니다.

2 중간 아랫부분에도 나사못 4개를 이용해서 선반을 얹었어요.

4 아래선반 위에 얹을 플라스틱 바구니 3개에 작은 물건들을 정리했어요. 왼쪽 바구니에는 등산용품을, 가운데 바구니에는 모자를 정리했고요. 저리 넣기만 해도 위에서 보면 어떤 물건들이 어디에 있는지 잘 보이지요? 모자는 양쪽으로 5개씩 10개나 들어갑니다(16쪽 모자 정리 참조). 오른쪽 끝 바구니에는 계절이 지난 넥타이를 말아서 넣고 벨트, 털모자도 접어서 정리했어요.

많은 분들이 정리하기 가장 어렵다고 생각하면서도 먼저 정리하고 싶어하는 공간 1위로 옷장을 꼽아요. 어렵다고만 생각하지 말고 수납 노하우를 약간 발휘한다면 옷장을 한결 다르게 바꿀 수 있어요. 옷장 정리는 칸 구획하기로 시작합니다. 정리도 습관이 되어야 손쉽게 시작하고 정리하는 시간도, 공간도 절약할 수 있어요. 한번 정리의 틀을 정하면 그다음부터는 물건만 정해진 자리에 있다면 언제라도, 누구라도 손쉽게 물건을 찾을 수 있지요.

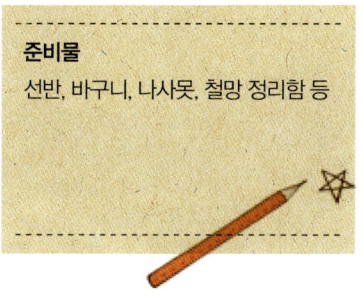

준비물
선반, 바구니, 나사못, 철망 정리함 등

5 이름표도 붙이니 디자인까지 한결 멋져 보입니다.

6 선반 아래 숨어 있는 공간에는 철망 정리함을 2개 넣고 비디오케이스를 활용해서 스카프, 손수건, 민소매옷을 정리합니다.

7 맨 위쪽은 손이 잘 닿지 않으니 바구니 3개에 자주 쓰지 않는 물건을 보관하고 그 아래 바구니 3개에는 자주 쓰는 물건을 정리합니다.

8 옷 접는 법에 따라 잘 접은 옷들은 편하게 이용할 수 있는 가운데 공간에 정리하면 언제라도 쉽게 꺼내 입고 빨래해서 넣을 수 있어요.

9 왼쪽 문에는 페트병 8개를 달고 모자, 목도리 등 계절용품을 보관합니다.

10 오른쪽 문에는 철망 바구니 3개를 달고 맨 위에는 민소매 티 종류, 목도리 종류 등 그때그때 필요한 물품들을 보관합니다.

11 이번에는 아랫부분에 있던 패브릭 수납장을 꺼내고 커다란 플라스틱 수납장 9개를 넣었어요. 뚜껑이 있어서 위로 착착 쌓이니 한결 깔끔해 보이죠? 맨 아래에는 자주 쓰지 않는 물건을 보관합니다.

12 이렇게 작은 공간도 필요한 물건을 효율적으로 정리할 수 있도록 하면 자기 자리가 만들어집니다.

플라스틱 수납장을 빼고
보관해둘 물건이나 침구 종류 등 지저분한 물건을 넣고
천으로 살짝 가려보았어요.
예쁜 천으로 가리니 감쪽같지요?

ARRANGE

완성!

니트 정리하기

다루기 까다로운 니트, 어떻게 보관하세요? 옷걸이에 걸어두면 팔도 길어지고 어깨도 늘어나고
다른 옷을 꺼낼 때 잘 떨어지지 않나요? 이럴 때는 이 방법을 활용하면 도움이 될 거예요.

이렇게 해보세요

1 니트를 반으로 접으세요.

2 반으로 접은 니트 겨드랑이 부분에 옷걸이를 가져다 놓으세요.

3 팔을 옷걸이 안으로 빼고 그다음에는 몸통을 뺍니다.

4 팔과 몸통 부분이 옷걸이 안으로 들어갔지요? 이렇게 넣어야 다른 옷들 때문에 흔들려도, 일부러 흔들어도 절대로 떨어지지 않아요.

5 이렇게 접은 니트를 옷봉에 걸어볼게요.

6 옷 길이가 많이 줄어들어서 공간 활용도 되고 깔끔해서 좋긴 한데 아래 공간이 비어 있으니 아깝네요. 이럴 때는 쉽게 구할 수 있는 링을 활용해보세요. 링을 옷걸이 하나에 한 개씩 끼우세요. 링 크기는 상관없답니다.

식구가 많으면 많은 대로, 적으면 적은 대로 우리는 생각보다 옷을 많이 가지고 있어요. 우리나라는 사계절이 있어서 옷도 계절마다 갖추어야 하니 더욱 그렇지요. 그러다보니 옷장 안에는 옷이 가득한데 정작 입을 옷이 없다고 투덜대게 됩니다. 모임에 어떤 옷을 입고 가야겠다고 생각했는데 어디에 두었는지 몰라 한참 찾다보면 짜증도 나고요. 이럴 때 옷을 찾기 쉽게 정리해둔다면 시간도 절약되고 짜증스러운 일도 훨씬 줄어들 거예요.

준비물
옷걸이, 링

이번에는 링 사이사이에
옷걸이를 연결해서 아래로 걸으세요.
네 벌을 걸으니 원래 니트 길이와 딱 맞네요.
공간이 아주 많이 절약되고
옷들도 깔끔하게 정리되었지요.

ARRANGE

완성!

Tip

니트 보관하기
니트를 따뜻하게 입은 뒤 보관할 때는 옷걸이에 걸어두지 말고 신문지를 이용해 잘 접어서 보관하세요.

이렇게 해보세요
1 신문지 2~3장을 겹쳐서 가로가 20~23cm 되게 길게 접은 뒤 니트를 바닥에 등이 보이게 펼치고 접은 신문지를 길게 놓으세요.
2 그다음 한쪽 손 부분을 접고 다른 한쪽도 접으세요.
3 아랫단을 칼라 쪽으로 반 접어서 앞으로 돌리면 신문지의 힘 때문에 흐느적 거리지 않고 깔끔하게 접어집니다.
4 신문지를 이용해서 니트를 접으면 오랫동안 보관할 때 눌림이 생기지 않아서 원래 형태를 유지할 수 있어요. 또 신문지가 습기에 약한 니트류의 습기도 잡고 해충도 막아준답니다.

바지 접기

면바지나 청바지 같은 바지는 대강 접으면 된다고 생각하기 쉬운데 제대로 접어서 보관하면 더 많
이 넣을 수 있고 어떤 바지인지 쉽게 알 수 있어 꺼내 입기 편리합니다.

이렇게 해 보세요

1. 서랍장에 넣을 때

1 바지의 지퍼 부분이 안으로 들어가게 바지를 반으로 접어요. 지퍼 부분이 안으로 들어가야 접었을 때 훨씬 깔끔하답니다.

2 반으로 접은 바지를 가로로 반보다 약간 못 가게 접습니다. 이때 완전히 반으로 접으면 그다음 과정에서 지저분해진답니다.

3 허리부분을 먼저 잡고 3분의 1을 가운데로 향하게 접습니다. 아까 반보다 약간 못 오게 접은 이유는 3분의 1을 접을 때 바지가 접어지는 원심력으로 끝이 정확하게 맞춰지기 때문이에요.

4 아랫부분도 가운데로 3분의 1을 접으세요.

이렇게 접은 바지를 서랍장에 넣으면 됩니다.

ARRANGE

2. 옷장에 넣을 때

1 서랍장에 넣을 때와 마찬가지로 지퍼 부분이 안으로 들어가게 바지의 반을 접어요.

2 아랫부분 전체의 3분의 1을 가운데로 향하게 접은 뒤 윗부분 3분의 1도 가운데로 향하게 접으면 돼요.

3 바지를 7개 접어놓았는데도 깔끔해 보이죠?

옷장 안에 넣어 보관할 때는 진 종류라도 최소한만 접어야 구김이 덜 가겠죠?

완성!

브래지어 접기

와이어가 있는 경우에는 단단한 와이어 틀이 휘거나 변형되지 않도록 원래 형태를 유지하면서 깔
끔하게 겹쳐서 보관하는 것이 좋아요. 와이어가 없는 경우에도 마찬가지고요.

이렇게 해보세요

1 브래지어를 뒤로 돌려서 반으로 접어요. 두 캡이 하나가 되게 겹쳐서 캡을 한쪽으로
밀어 넣습니다.

2 이번에는 끈을 정리할 거예요. 끈을 모아서 몸체 안쪽으로 틀어서 몸체를 감싸면서 끼우면 풀어지지 않고 깔끔하게 정리된답니다.

3 서랍장에 보관할 때는 깔끔해 보이는 아랫부분이 위로 올라오게 하면 더 보기 좋아요.

양말 접기

양말 접기라고 하면 뒤집어서 접는 방법이 먼저 떠오르죠? 하지만 방법만 약간 달리하면 깔끔해서 좋고 뒤집지 않아서 예쁘고 서랍도 반밖에 차지하지 않는답니다. 게다가 목 부분도 늘어나지 않아서 오래 신을 수 있어요.

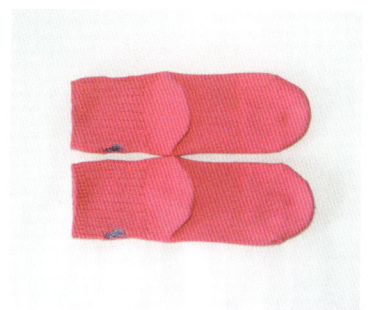

1 양말을 일자 모양이 되도록 접어지는 라인을 옆으로 바꿉니다.

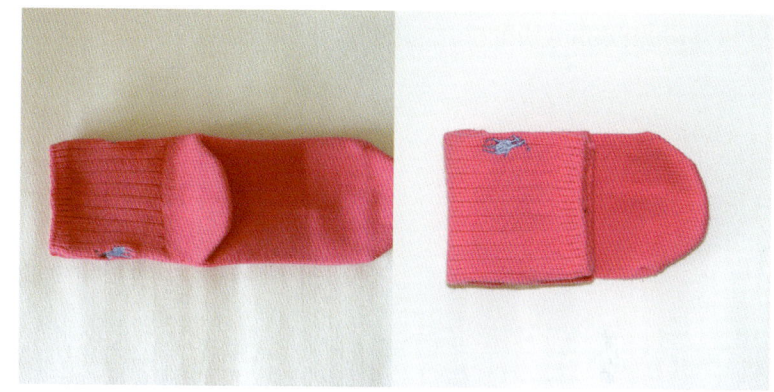

2 양말 두 개를 겹치고 앞 3분의 1 부분을 가운데로 향하게 접어요.

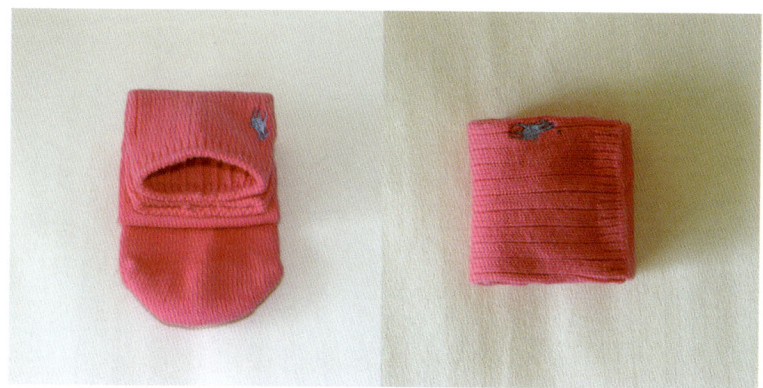

3 목 부분을 한꺼번에 가운데로 향하게 접고 맨 윗부분을 주머니처럼 벌리면서 앞쪽 나머지 부분을 발목 주머니 부분에 넣으면 됩니다.

재미있는 양말 접기

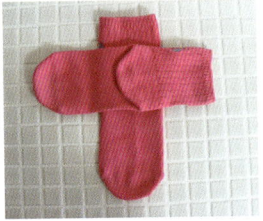 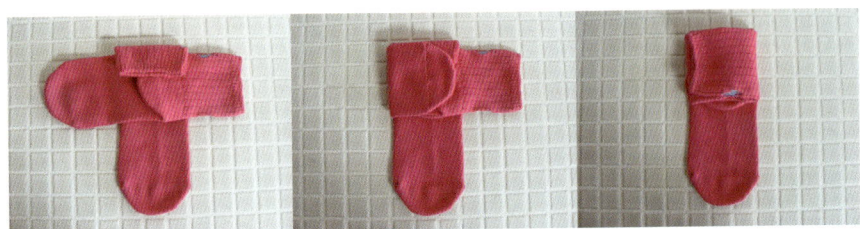

1 일자로 펴진 양말을 십자 모양이 되게 교차합니다.

2 맨 윗부분을 먼저 접고 차례대로 왼쪽, 오른쪽, 그다음은 아래에서 위로 올리면서 나머지 길이를 안으로 밀어 넣습니다.

3 마치 딱지 접은 것처럼 완성되었습니다.

목이 긴 양말 접기

 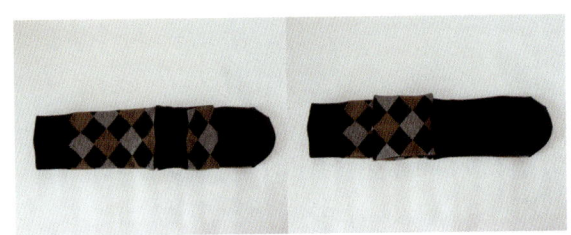

1 신사 양말, 등산 양말 등 일반 양말보다 목이 긴 양말을 접는 법입니다. 4등분 해서 접을 거예요.

2 양말 2짝을 하나로 겹친 뒤 위쪽에 있는 양말을 한 번, 두 번 접어요.

3 발목을 접어서 윗부분을 주머니처럼 벌리고 아래쪽에 있는 앞부분도 한 번, 두 번 접어요.

4 두 번 접은 앞부분을 주 머니처럼 벌린 윗부분에 쏙 밀어 넣으면 세 번 접기 한 양말과 길이가 같아진답니다.

목이 짧은 발목양말 접기

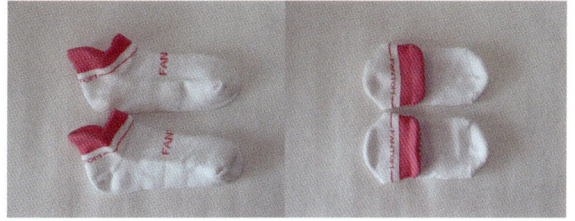

1 목이 짧은 발목양말은 뒤꿈치 부분이 아래로 향하도록 하고 윗부분이 보이도록 폅니다.

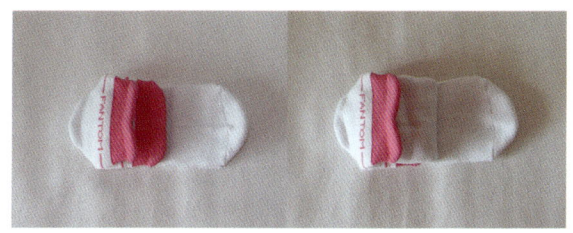

2 앞부분의 반을 접고 나머지 반을 접어요.

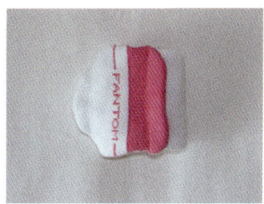

3 발목 주머니에 넣고 잘 정리합니다. 발목 부분 주머니가 크지 않아서 처음에는 어렵다고 생각할 수 있으나 몇 번 해보면 아주 쉽답니다.

Tip

스타킹 접기

이렇게 해보세요

1 스타킹 두 짝을 하나로 겹친 뒤 긴 길이를 반으로 접고 또 접으면서 빠르게 길이를 줄여줍니다.

2 5~6cm로 길이가 줄어들면 이번에는 두 손으로 단단하게 감아요.

3 다 감아지면 맨 끝 발목 부분을 살짝 뒤집으면 된답니다.

4 이렇게 해서 접어진 스타킹은 우유팩에 꽂아두면 우유팩 한 개에 스타킹 12개가 들어갑니다.

5 서랍을 열면 우유팩은 안 보이면서 정리된 스타킹은 꺼내기 쉬워요. 서랍장 자투리 공간도 활용해보세요. 저리 세워두면 쏙쏙 꺼내서 신기 정말 편하겠죠?

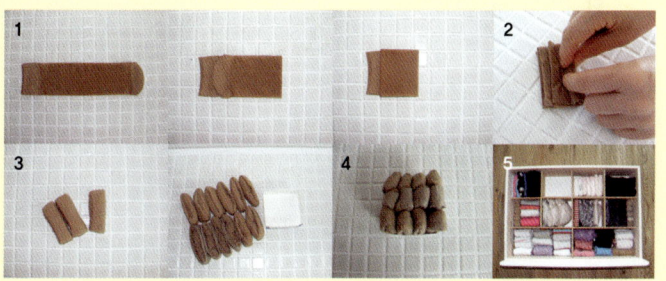

덧버선 접기

한 짝 찾아 삼만리 헤매다 한 짝을 버리고 나면 어디선가 나타나는 다른 한 짝. 이런 경험이 다들 있을 거예요. 그러니 따로 두지 말고 함께 두세요.

이렇게 해보세요

덧버선 두 짝은 포개어 한쪽을 안으로 넣어서 겹치고 길이가 긴 앞코 쪽을 길이가 짧은 뒤꿈치 속으로 반을 접어서 넣으면 됩니다. 아주 쉽고 간단하지만 유용한 방법이죠? 오늘부터 덧버선을 따로 두지 말고 꼭 같이 있게 해주세요.

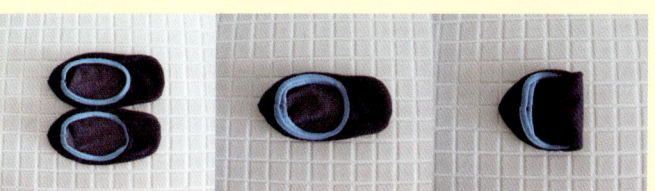

팬티 접기

서랍을 열어보면 팬티가 많죠? 그런데 자주 정리하지 않으면 다른 속옷과 엉키더라고요. 다른 옷
도 마찬가지지만 특히 팬티는 정갈하게 정리해야 할 것 같지 않나요? 팬티는 삼각팬티, 사각팬티,
트렁크 모두 같은 방법으로 정리합니다.

이렇게 해보세요

1 삼각팬티를 눈대중으로 가로로 3등분한 뒤 가운데로 향하게 한쪽을 접고 나머지 한쪽도 접어요.

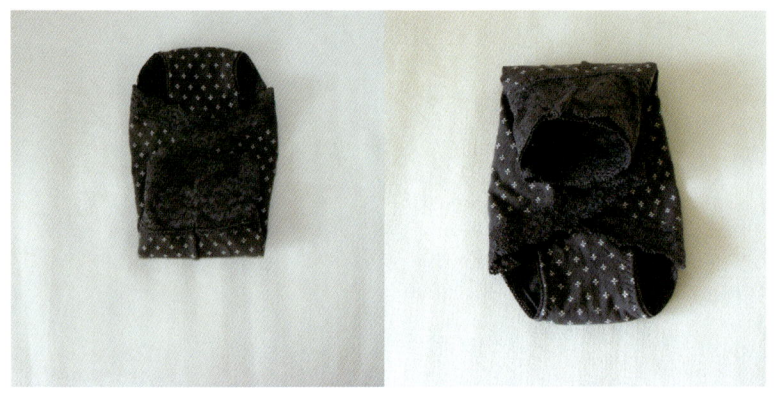

2 이번에는 세로로 3등분해요. 고무줄 부분을 가운데로 향하게 먼저 접어 입을 벌립니다.

3 아래에서 위로 접으면서 고무줄 부분
주머니에 넣으면 됩니다. 간단하지만
접었을 때 풀어지지 않고 깔끔하답니다.

트렁크도 삼각팬티와 마찬가지 순서로 정리하면 됩니다.

옷판 만들어 옷 접기

옷 접는 신기한 판을 이용해서 옷장, 서랍장을 간단하고 깔끔하게 정리하세요. 어린아이가 접어도, 할아버지가 접어도, 누가 접어도 크기와 모양이 항상 일정하답니다. 옷판을 이용해 옷을 여러 번 접다보면 백화점 매장에 진열해도 될 정도로 가로 길이가 일정하게 접어진답니다.

준비물
2절지 하드보드

이렇게 해보세요

1. 하드보드로 옷판 만들어 옷 접기

가로 54cm, 세로 78cm, 구입가 1,000원 하는 2절지 하드보드로 아주 쉽고 간단하고 신기하고 재미있는 옷 접는 판을 만들어볼게요.

1. 가로길이를 23cm로 했는데 딱히 정해진 것은 없어요. 필요한 공간의 크기에 따라서 성인 기준 20~25cm로 만들어 사용하면 돼요. 하지만 평균적으로 어른 옷은 23cm, 아이들 옷은 18cm 정도가 적당해요.

2. 가로 23cm로 3개가 되도록 자르고 가운데 부분 1개는 2등분해요.

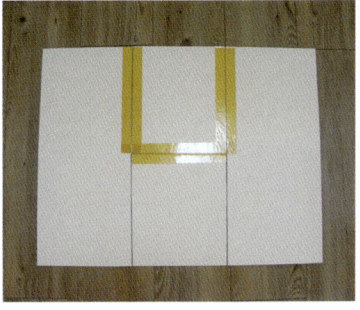

3. 0.2~3mm 여분을 두고 투명 박스테이프로 디귿자 모양으로 붙이면 완성입니다. 여기서는 테이프 붙이는 곳이 잘 보이라고 일부러 색 테이프를 사용했어요.

4. 판이 만들어지면 가운데 접어지는 부분이 내 앞으로 향하게 놓고 접을 옷을 뒤집어서 목 부분이 나를 향하게 펼쳐놓아요.

5. 하나 하면 왼쪽 판을 접었다 제자리에 갖다놓아요.

6. 둘 하면 오른쪽 판을 접었다 제자리에 갖다놓아요.

7 셋 하면 2등분한 가운데판을 위로 접었다 제자리에 놓으세요. 하나, 둘, 셋 3초면 신기하고도 깔끔하게 옷이 뚝딱 접어져요.

8 접은 옷을 서랍장에 넣을 때 판으로 접힌 상태에서 한 번 더 반으로 접으면 예쁘고 깔끔하게 서랍장에 넣을 크기로 변신해요. 사진 왼쪽이 서랍장에 넣을 크기이고 오른쪽이 옷장에 넣을 크기예요.

어때요?
깔끔하게 접어서 정리하니
마음까지 깔끔해졌죠?

ARRANGE

완성!

준비물
플라스틱 판

2. 플라스틱 판으로 옷판 만들어 옷 접기

옷 접는 판이 없이도 깔끔하게 옷 접기 2탄입니다. 마트에서 샴푸 세트 사면 딸려오는 이 케이스를 활용해서 옷 접는 판을 만들어보세요.

1 앞쪽을 이용해서는 23cm 판으로, 뒤쪽을 이용해서는 18cm 판으로 1개씩 만들어 놓으면 귀찮고 힘들던 빨래 개기를 쉽고 간단하게 할 수 있어요.

2 옷을 뒤로 돌려서 판을 대고 왼쪽을 접은 뒤 오른쪽을 접고, 아랫부분을 위로 접고 돌려서 플라스틱 판을 빼면 옷이 깔끔하게 접어집니다.

3 다음 옷도 같은 방법으로 접어서 개놓은 옷 위에 올리고 판을 빼면 옷이 깔끔하게 접어집니다.

4 여자들이 많이 입는 끈 달린 옷은 큰 판보다는 18cm 판을 이용해서 같은 방법으로 접으세요. 민소매옷은 부피가 크지 않아서 접었을 때 작은 판이 훨씬 깔끔하답니다.

책꽂이 정리

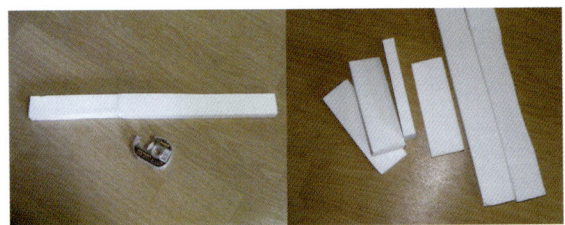

1 택배를 받으면 상자 안에 스티로폼이 같이 들어 있을 때가 있지요. 이것을 사용할 거예요. 두께가 일정한 상자나 페트병 등을 활용해도 좋아요.

2 크기가 큰 책을 꽂은 뒤 책꽂이 안쪽으로 나머지 공간에 스티로폼을 길이에 맞게 넣어요. 크기가 작은 책을 꽂으면 스티로폼은 보이지 않으면서 뒤쪽에 받침대가 되어 책이 뒤로 밀려들어가지 않아요.

3 옆쪽도 자투리 스티로폼을 이용해서 정리해볼게요. 자투리 스티로폼은 움직이지 않게 중간 중간 투명테이프로 고정해요.

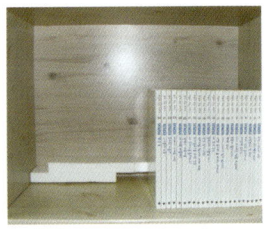

4 이 칸도 스티로폼을 뒤쪽에 대고 정리하니 라인이 맞춰지고 한결 깔끔해졌어요.

책꽂이에 작은 책을 어떻게 꽂아두나요? 앞쪽으로 줄 맞추어서 정리해도 그때뿐 꺼내 보다보면 자꾸만 뒤로 밀려들어가서 흐트러지고 앞쪽으로 예쁘게 줄 맞추어 정리하기 힘드니까 아예 뒤쪽으로 밀어 넣어서 정리하면 앞 공간이 너무 많이 남아서 예쁘지 않잖아요. 이때 스티로폼을 이용하면 책을 꺼내기도 편하고 앞쪽에 예쁘게 줄맞추어서 깔끔하게 정리할 수 있어요.

준비물
투명테이프, 스티로폼

작은 정리 아이디어로
책장이 잘 정리되었어요.

완성!

ARRANGE

Tip

또 다른 책장 정리

책장은 원래 책을 꽂는 곳인데 어쩌다 보면 책장에 별의별 것을 다 올려놓게 되더라고요. 특히 집에서 자주 쓰는 잡동사니를 많이 올려놓는데요. 책장은 고유 기능인 책을 꽂아두는 것으로 만족하고 잡동사니들은 수납함을 만들어 정리하는 게 어떨까요? 다음 사진에서 정리하기 전과 후를 비교해보면 확실히 느낄 수 있을 거예요.

이렇게 해보세요

1 책장에 참 많은 물건이 올라가 있습니다. 책이 아닌 것은 빼내고 전집은 전집끼리 모으면서 책끼리 키를 맞추었어요. 책꽂이 위도 싹 치웠고요. 훨씬 정돈되어 보이지요?

2 여기 정신없는 책꽂이가 또 있어요. 책과 관련이 없는 것은 빼내고 책도 키를 맞추어 정리했어요. 책장이 잘 정돈되어 있으면 책을 더 읽고 싶지 않을까요?

화장실 정리

1 바닥에 나무판을 깔아놓으니 잠깐 일을 볼 때는 신발을 신지 않아도 돼요. 나무판은 물을 뿌리고 걸레로 위만 닦으면 청소하기도 편하답니다.

2 세숫비누는 달아놓고 사용해요. 세숫비누는 물에 붇기 쉽잖아요. 저렇게 매달아두면 항상 물기 없이 뽀송해서 좋고 망으로 한 번만 문질러도 거품이 잘 난답니다.

3 빨래비누도 망에 담아놓고 사용하면 걸레를 빨 때도 비누조각이 빨래에 끼지 않고 거품이 쉽게 잘 난답니다. 자투리 비누를 사용할 때도 좋고요.

4 수건을 꺼내려 할 때나 문 열 때 마지막 수건은 쓰러질 듯 쓰러질 듯하잖아요. 이럴 때는 마지막 줄은 가로로 눕히세요. 꺼내기도 쉽고 문 열 때 수건이 바닥에 떨어질까 걱정하지 않아도 돼요.

화장실이 깨끗해야 집안에 돈이 들어온다고 하잖아요. 화장실이 깨끗해야
가족이 건강하다는 말도 있고요. 화장실이 좁더라도 공간 정리를 잘해서
깔끔하게 해놓으면 마음만이라도 부자가 된 것 같지 않을까요?

준비물
나무판. 망주머니

화장실도 정리를 잘하면
예쁘게 꾸밀 수 있어요.

완성!

ARRANGE

ARRANGE
11
안방 정리

이렇게 해보세요

서랍장 정리

1 집집마다 서랍장은 대개 이런 모습일 거예요.

2 넓은 서랍장에는 칸막이가 필요한데요. 가운데에 폼포드지를 넣어 서랍을 두 칸으로 나누었어요.

3 폼포드지를 열십자 모양으로 넣어서 칸을 나누었어요.

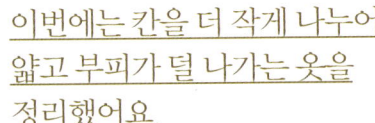

이번에는 칸을 더 작게 나누어 얇고 부피가 덜 나가는 옷을 정리했어요.

완성!

ARRANGE

아는 사람 집에 놀러 가도 부부만의 공간인 안방에는 잘 안 들어가게 되죠?
아파트에 사는 사람이 많은 요즘에는 가족도 부부의 사생활을 존중하는
의미에서 안방에는 잘 들어가지 않고요. 이렇듯 아주 개인적인 공간이지만
그렇다고 정리하지 않아도 된다는 건 아니잖아요. 다른 곳과 마찬가지로 쓰기
편하면서도 깔끔하게 정리하고 행복하게 살아보아요.

준비물
폼포드지, 글루건

옷걸이 정리

슬립 옷걸이는 옷을 꺼낼 때 당겨지지 않아서 불편해요. 옷걸이는 모름지기 옷을 당겨도 잘 나와
야 하고, 최대한 슬림해야 하고, 자리를 차지하지 않아야 하고, 사용하는 데 힘이 있어야 해요. 또
중요한 건 개수가 많다보니 값이 저렴해야 하고요.

옷장은 옷걸이만 바꾸어도 훨씬 깔끔하게 느껴진답니다.

화장대 정리

화장대에서는 대개 머리를 매만지거나 곱게 화장을 하죠. 즉 화장대는 몸을 단정하게 하는 곳이잖
아요? 그런데 화장대는 몹시 어질러져 있는 경우가 많아요. 몸만 단장하지 말고 화장대도 정리하
자고요. 그러면 마음까지 개운해질 거예요.

1 두 사진을 비교해보니 확실히 알 수 있죠? 쓰
임과 생김새가 비슷한 것끼리 모으고 굳이 화
장대 위에 있지 않아도 되는 것들은 치웠어요.

2 화장대 서랍은 닫아두면 보이지 않는다고 방
심하기 쉬운 곳이에요. 하지만 온갖 물건이 뒤
섞여 있으면 보기에도 정신없지만 찾아서 쓰기도 불
편하잖아요? 서랍은 폼포드지로 칸을 나누고 끼리
끼리 모아서 정리했어요.

냄비 정리

이렇게 해 보세요

1 먼저 페트병을 냄비 아랫부분보다 약간 낮게 자르세요.

2 냄비뚜껑을 뒤집어서 덮으면 일부러 세게 흔들어도 냄비뚜껑은 절대로 미끄러지거나 쓰러지지 않아요.

3 자른 페트병을 냄비 안에 넣어요.

4 크기가 다른 냄비마다 페트병을 넣으세요.

5 냄비뚜껑을 뒤집어서 페트병에 냄비꼭지가 들어가게 덮어요.

6 냄비를 크기대로 쌓으면 겉으로 봐서는 냄비 안에 페트병이 들어 있는지 알 수 없지요.

냄비를 정리할 때는 항상 몸체와 뚜껑을 같이 보관합니다. 그리고 사이즈별로 큰수록 아래로, 작을수록 위로 배치합니다. 하지만 냄비를 층층이 보관할 때 가장 큰 문제점은 냄비뚜껑이 미끄러져서 잘 세워놓아도 싱크대 문을 여는 순간 냄비들이 와장창 미끄러진다는 점이에요. 요것만 해결되면 냄비 보관하기는 아주 쉬운데요. 별것 아닌 것 같은 아이디어 하나가 살림에 어떤 재미를 주는지 살펴보세요.

준비물
페트병

싱크대 안에 이런 식으로 넣으면
냄비 정리 끝~

ARRANGE

김치냉장고 정리

이렇게 해보세요

1 이면지 종이 위에 칠판 시트지를 붙이세요.

2 분필로 위칸 2개, 아래칸 2개, 한쪽에 4개씩 이름을 써놓으면 냉장고 문을 열기 전에 냉장고 안에 뭐가 있는지 알기 쉽지요. 내용물이 바뀌면 물티슈로 지우고 다시 쓰면 되고요. 냉장고에는 자석을 위에 붙이면 된답니다.

3 김치냉장고에 보관할 건어물은 지퍼백에 담아서 하나하나 분류하고 이름표를 붙여요.

4 생선을 지퍼백에 넣어 정리할 때는 머리, 꼬리, 머리, 꼬리 이렇게 넣어야 여러 마리를 넣어도 수평이 잘 맞고 깔끔하답니다. 이때 한 끼 분량만 포장하는 거 잊지 마세요. 안 그러면 해동해서 먹고 남으면 다시 얼리는 일을 반복하게 되거든요.

처음에 김치냉장고는 김장철에만 필요한 줄 알았는데 이제는 여름에도 냉장고보다 더 사랑받는 필수품이 되었어요. 냉장고보다 신선하게 보관할 수 있어서 많이 이용하는 김치냉장고가 뚜껑식이라면 아래칸에 뭐가 들어 있는지 잘 모르니까 다 꺼내봐야 하잖아요? 이런 번거로운 일을 줄이고 음식물도 꺼내기 편리하게 보관하는 방법을 소개할게요.

준비물
이면지, 칠판 시트지, 장식물

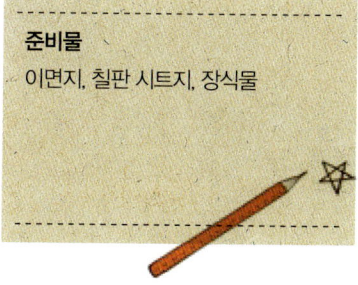

Tip

수박 보관하기

여름 과일의 왕은 수박이잖아요. 수박을 통째로 보관하려면 냉장고에 보관하기도, 김치냉장고에 보관하기도 쉬운 일이 아니에요. 수박은 보통 반을 잘라서 랩을 씌워 놓잖아요? 랩을 씌워도 국물은 여전히 흐르고요. 처음부터 깍두기 모양으로 썰어서 보관하는 방법은 어떠냐고요? 그러면 그릇에 담았을 때 빈 공간이 생겨서 생각보다 많이 들어가지 않아요. 잘게 썰다보니 수분도 많이 빠지고 수박 끝 쪽이 쉽게 무른답니다. 다음과 같이 하면 보관하기도 좋고 먹기도 좋아 수박이 훨씬 맛있을 거예요.

이렇게 해보세요

1 수박을 사오면 도마에 놓고 네모 모양으로 길게 잘라서 여러 통에 넣으세요. 그러면 3분의 1 정도를 차지하는 껍질이 쓰레기로 나가니 양이 상당히 줄어든답니다.
2 먹을 때는 필요한 만큼 꺼내서 도마가 아니라 접시에 놓고 세모 모양이나 네모 모양으로 잘라서 포크와 함께 내면 먹기도 편해요.

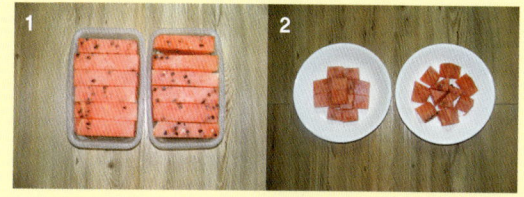

김치통 트레이

식사 때마다 반찬 그릇을 이것저것 꺼내려면 시간도 많이 걸리고 힘들죠? 이럴 때는 김치통을 트레이삼아 한꺼번에 꺼내고 식사가 끝나면 한꺼번에 집어넣고 해보세요. 정말 편하답니다. 이때 각각의 반찬 그릇에 뚜껑이 있어서 김치통 뚜껑은 안 닫아도 되고요.

쌀 보관하기

이렇게 해보세요

1 쌀이 너무 많아서 보관할 곳이 마땅치 않거나 쌀이 많이 남았는데 장마철을 지나려면 쌀벌레 걱정 안 할 수 없잖아요? 이때 김치통을 활용해보세요.
2 쌀이나 잡곡류는 페트병을 활용해서 보관하면 덜어 쓰기도 편하지만 무엇보다 페트병 뚜껑이 공기를 차단해서 쌀벌레가 생기지 않는답니다.

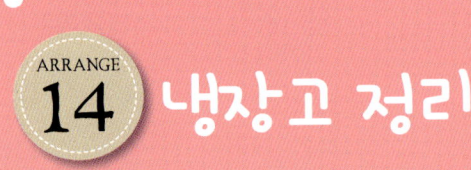

ARRANGE 14 냉장고 정리

냉동실 정리법

식생활 패턴이 바뀌면서 냉장실보다 냉동실에 보관해야 하는 식품이 점점 늘고 있어요. 냉동실에는 냉동식품, 고기류, 생선류는 물론 양념이나 가루로 된 식재료도 보관하니까요. 그러다보니 냉동실이 점점 복잡해져요. 일단 냉동실 먼저 정리해볼게요.

이렇게 해보세요

1 보통 가정의 냉장고 안은 대개 이렇습니다.

2 지퍼백을 이용해서 식품들을 납작하게 정리해요.

3 식품들은 세로로 수납하면 많이 들어가고 무엇보다 꺼내 쓰기 편하답니다.

4 수납 바구니에도 세로로 수납하고 왼손으로 바구니를 당기고 오른손으로 꺼내면 시간도 절약되고 한눈에 찾기도 쉬워요.

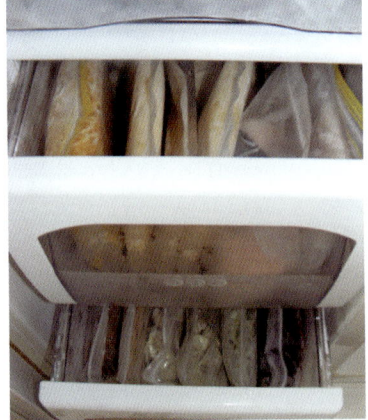

5 사용하고 남으면 그 자리에 다시 세워서 보관하고, 플라스틱 바구니 아랫부분 2개의 통 안에도 세로로 수납했어요.

6 물건을 보관할 때는 자주 사용하지 않는 것을 밑에 두어요. 같은 물건이 여러 개일 경우에는 위에는 한 개씩만 올려놓고 나머지는 아래에 보관했다가 위에 것을 사용하고 나서 하나씩 위로 올리면 되고요.

냉장고는 우리가 먹고사는 데 가장 중요한 가전제품이라고 할 만큼
식생활에서 중요한 부분을 차지하지요. 그만큼 주부가 정리하기 힘들어 하는
곳이기도 하고요. 게다가 가족도 같이 이용하다보니 냉장고 문을 열었을 때
한눈에 정리되어 있지 않으면 짜증스러운 것이 사실이에요. 깔끔하게 정리된
냉장고 안을 상상하면서 이제 정리 시작합니다.

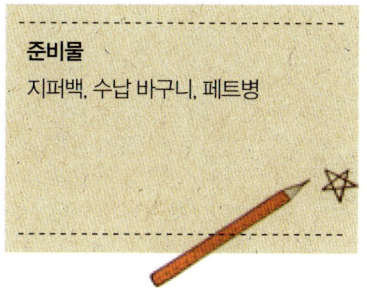

준비물
지퍼백, 수납 바구니, 페트병

냉동실을 깔끔하게 정리해놓으면
살림하는 재미가 더하겠죠?

7 페트병을 이용해서 냉동실에 보관할
때는 이름을 써주면 편리한데 매일
물건이 한 가지만 있을 수는 없잖아요. 그
럴 때는 4쪽에 이름을 쓰고 물건이 바뀌면
그 이름에 맞는 쪽이 앞쪽으로 오게 돌리
는 센스를 발휘해보세요.

ARRANGE

지퍼백 활용하기

냉동실을 정리할 때 지퍼백을 활용하면 좀 더 많이, 찾기 쉽게 보관할 수 있어요. 특히 보관할 물건의 크기가 한가지로 통일돼서 깔끔하게 보관할 수 있답니다. 지퍼백을 사용하면 공간이 정말 많이 줄어들어요. 이렇게 편리한 방법으로 냉장고도 깔끔하게 정리할 수 있고 요리 부재료도 필요할 때 언제든지 제 역할을 하지요. 귀찮다 생각 말고 마트 갔다 와서 바로 한 번만 해놓으면 사용하는 내내 편하고 좋답니다. 부지런한 주부가 살림도 즐겁게 하는 법이잖아요.

이렇게 해보세요

1 큰 포장보다는 소포장을 하세요. 여러 개에 나누어서 보관하면 하나씩 편리하게 신선하게 사용할 수 있고 자꾸 여닫다보면 어느 물건이든지 공기가 들어가게 돼서 신선도도 떨어지니까요.

2 파를 깨끗이 씻어서 반찬용과 국거리용으로 분류해서 썬 다음 지퍼백에 담은 뒤 납작하게 해서 냉동실에 얼려놓으면 버리는 부분 없이 필요할 때마다 사용할 수 있답니다.

3 고추도 같은 방법으로 썰어서 지퍼백에 넣어 얼려놓으면 되고요. 특히 파와 고추는 냉동시켜도 절대로 얼어붙지 않아서 필요할 때 언제든지 바로 손으로 조금씩 덜어서 사용할 수 있어요.

Tip

지퍼백에 보관하면 좋은 이유

용기는 수납공간을 너무 많이 차지해요. 물건이 가득 있을 때는 상관없지만 물건의 3분의 1을 사용해도, 물건의 2분의 1을 사용해도 용기는 그 자리에서 그만큼 공간을 차지하고 있어요. 그래서 공간 활용 면에서는 효율적이라고 할 수 없습니다. 지퍼백에 담아 한 끼분씩 깔끔하게 나누어서 얼리고 사용할 때 두고두고 편리하게 냉동실도 깔끔하게 활용하세요.

이렇게 해보세요

1 비닐백에 옮겨 담은 물건은 원래 상호에서 이름을 오려서 투명테이프를 이용해서 누구나 쉽게 찾도록 이름표를 붙이세요. 유효기간이 걱정된다면 유효기간까지 오려서 붙이면 더 효율적이겠지요.

2 그 밖에 다른 식품들도 사오면 바로 1인분 아니면 가족이 한 끼 먹을 만큼 나누어 보관하면 하나씩 꺼내 쓰기 정말 편리하답니다. 이미 덩어리째 굳어진 다음에는 해동하기도, 분류하기도 힘들잖아요.

냉장실 정리

냉장실 하단의 플라스틱 바스켓에 그냥 넣다보면 작은 물건들은 아래로 깔려서 어디 있는지 찾기도 힘들잖아요. 이걸 페트병을 이용해서 깔끔하게 정리할 수 있어요. 이때도 하나씩만 사용하기 좋은 위치에 두고 나머지는 위아래를 이용해서 보관한 뒤 필요할 때 하나씩 올려서 사용하세요.

준비물
페트병, 바구니

이렇게 해 보세요

1 바스켓 하나에 페트병을 넣고 물건들을 잘 보이고 꺼내기 쉽게 세로로 세우니 섞이지 않고 분류도 잘되고 훨씬 깔끔해보이죠.

2 여기저기 돌아다니는 사탕, 초콜릿도 한 통에 모으고 어쩌다 가끔 사용하지만 냉장실 문 쪽에 1년 내내 세워져 문에 가중을 주는 소스나 잼 병도 이 통에 보관하면 편하답니다.

냉장고 반찬통 정리

하루에도 수십 번 여닫는 냉장고 안에서 음식물의 적절한 자리는 어디일까요? 내용물에 따라서 냉장고 안에 적절한 자리를 잡아주면 됩니다. 예를 들면 자주 사용하는 반찬은 꺼내기 쉬운 가운데가 자기 자리예요.

2 한가지 크기로 높낮이만 2가지로 선택한다면 위아래 쌓기도, 꺼내기도, 위치 바꾸기도 편리할뿐더러 양에 따라서만 높고 낮은 것을 선택하면 된답니다. 자주 이용하는 된장, 고추장, 쌈장 같은 것들은 누구라도 찾기 쉽게 이름표를 붙이면 더 편리하겠지요.

1 반찬 용기는 한가지 크기로 통일하는 것이 가장 중요해요. 크고 작고 동그랗고 네모나고 직사각형. 정사각형이 섞이면 위로 쌓아올리기가 불편해요. 반드시 작은 것이 위로 올라가야 하니까요.

52

냉장실과 냉동실을 이렇게
깔끔하게 정리하면
살림할 맛이 날 거예요.

완성!

A R R A N G E

Tip

많이 만든 반찬 담아두는 방법
꽈리고추볶음을 했어요. 조금만 한다고 해도 양이 많아질 때가 있잖아요. 이때 반찬
통에 담는 방법을 알려드릴게요. 보통은 반찬의 양에 맞추어서 충분히 다 들어갈 통
을 찾게 되잖아요.
하지만 큰 통을 이용하면 자꾸 열었다 닫았다, 덜어다 담았다 하는 과정에서 공기나
이물질이 들어갈 수 있고 신선도도 떨어져서 빨리 상하게 되거든요.
이럴 때는 큰 통 하나보다는 작은 통 2개에 음식을 담으면 작은 통에 담긴 꽈리고추

볶음 한 통은 먼저 먹던 것을 다 먹을 때까지는 아예 건드리지 않고 보관하게 되니까 맛과 영양 면에서 좀 더 신선하게 먹을 수 있답니다.

- -

양념통 정리
식재료나 양념의 보관함을 구입할 때 크기는 통일하고 길이만 길고 짧은 걸로 고르면 편리하게 활용할 수 있답니다. 물건의 양에 따라서 길고 짧은 통
만 바꾸고 뚜껑은 크기와 상관없이 그대로 사용하면 되니까요.

이렇게 해보세요

1 작은 통 2개를 합치면 큰 통 1개가 되지요. 양이 많을 때는 큰 통에 담고 양이 줄어
  들면 몸체만 작은 통으로 바꾸면 되지요.
2 구분하기 쉽고 찾기 쉽게 이름표를 붙이니 더 예뻐 보이죠?

이렇게 해보세요

1 먼저 프라이팬 가운데에 캔을 하나 올려놓고 프라이팬을 하나 올려요. 볶음팬의 뚜껑이 있을 경우 뚜껑을 뒤집어 올리고요.

2 그다음 캔을 얹고 프라이팬을 올리고를 계속하면 돼요. 팬이 일자로 잘 서 있지요? 이렇게 보관하면 깔끔하고 손쉽게 활용할 수 있어요.

프라이팬 정리하기 힘들죠? 프라이팬은 사용하고 나서 열기가 남아 있는 상태로 집어넣어야 할 때도 있기 때문에 페트병보다는 캔 종류를 이용해서 정리하는 것이 좋아요. 프라이팬 지름이 클수록 캔도 키는 낮으면서 지름이 넓은 걸 이용하면 훨씬 안정적으로 정리할 수 있답니다. 다양한 방법 중 자기 자신에게 적당한 방법으로 정리하세요.

준비물
다양한 크기의 캔

3 볶음팬은 깊이가 깊기 때문에 캔의 높이가 조금 높은 옥수수캔을 사용했어요. 이런 원리로 안정감 있는 캔을 활용해서 어렵게만 느껴졌던 프라이팬 정리를 쉽게 해보세요.

Tip

라면 봉지 정리
라면은 어린이부터 어른까지 누구나 좋아하는 음식이잖아요. 요리하기 쉬워서 간단하게 한 끼를 때우거나 간식으로 자주 먹고요. 하지만 라면 봉지에 다양한 스프 봉지까지 비닐 쓰레기가 나오는데요. 라면 봉지의 부피를 확 줄이는 방법이 있어요. 이 같은 라면 봉지 접기 원리는 모든 수납 정리 정돈에 전반적으로 활용할 수 있답니다.

이렇게 해보세요
1 라면을 맛있게 먹었는데 비닐 쓰레기가 나왔죠?.
2 라면 봉지가 점점 작아지면서 변신하고 있어요.
3 왼쪽의 작은 스프 봉지에는 라면 봉지가 1개 들어 있습니다. 오른쪽의 좀 큰 스프 봉지에는 라면 봉지가 3개나 들어 있어요.

STORAGE

I
D
E
A

PART
2

반짝이는 아이디어 활용

귀고리 정리대

이렇게 해보세요

1 자투리 나무에 목공 본드를 발라 만든 액자틀도 좋고, 버려졌거나 안 쓰는 사진 액자틀을 이용해도 좋아요.

2 원하는 색으로 페인트를 칠해요.

3 철망은 페인트를 칠해도 좋고 칠하지 않아도 상관없어요.

4 액자 뒤쪽에 글루건을 이용해 철망을 붙여요.

5 캔을 따면 나오는 손잡이를 액자에 달아 고리로 활용하고요.

귀고리가 많아지다 보면 보관하기가 쉽지 않아요. 한 짝을 잃어버리면 남은
한 짝만 걸기도 좀 그렇고요. 쓰지 않는 틀로 정리대를 만들면 찾기도 쉽고
잃어버릴 염려도 없으니 일석이조이겠죠?

준비물
액자틀, 사진틀, 캔, 목공 본드, 글루
건

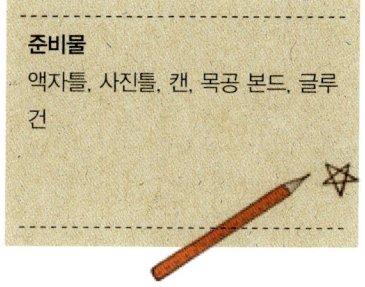

6 액자틀 위에 포인트로 장
식을 하니 더 예쁘네요.
물건도 사랑의 손길이 더해질
때마다 조금씩 예뻐진답니다.

7 예쁜 귀고리 정리대, 다
양하게 활용하세요.

IDEA

완성!

IDEA 2 냉장고 노품

이렇게 해 보세요

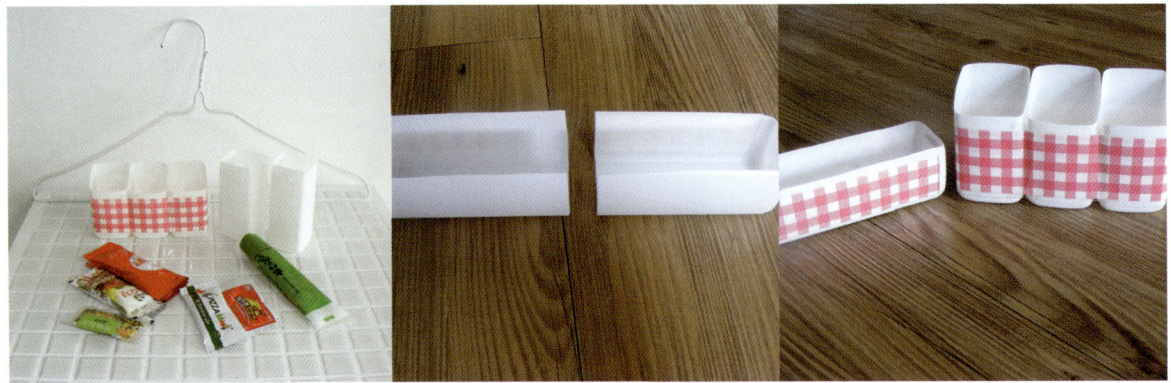

1 요구르트병은 필요에 따라 가로나 세로로 자른 뒤 예쁘게 모양 테이프를 붙였어요. 세로로 만든 건 넣을 물건에 따라서 길게도, 짧게도 조절할 수 있어요.

2 세탁소 옷걸이를 잘라 일자로 펴서 가운데 부분부터 페트병을 대고 꼭 맞게 모양틀을 만들어요.

3 사용하다 보면 헐렁해지니 페트병 몸체를 여러 번 넣었다 뺐다 하면서 빠지지 않도록 꼭 맞게 틀을 만드세요. 모양틀 끝부분을 걸 수 있도록 구부리면 완성입니다.

냉장고 문에 활용할 수 있는 작은 소품을 만들어볼게요. 케첩, 일회용 마아가린, 피자를 시키면 딸려 오는 작은 소스 통은 다음에 쓰려고 냉장고에 넣는 순간이 버리는 순간이에요. 일단 들어가면 기억 속에서 멀어져 정말 필요할 땐 어디 있는지 생각이 나지 않고 찾아도 안 보이잖아요. 필요하지 않을 때는 눈앞에서 이리저리 천덕꾸러기처럼 굴러다니고 말이지요. 이런 것들을 해결하기 위해서 요구르트병과 세탁소 옷걸이가 활약을 시작합니다.

준비물
요구르트병, 세탁소 옷걸이

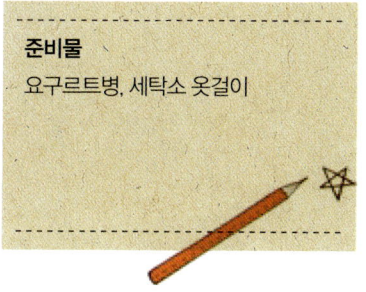

4 이것저것 잘 보이도록 키 순서대로
정리해서 냉장고 문에 걸어보세요.

저렇게 걸어놓으니
작은 물건들이 한눈에 잘 보이지요?
필요하면 걸어서 활용하고
필요 없으면 빼놓으면 되고요.
문을 여닫는 데도
아무 지장 없답니다.

IDEA

IDEA 3 숨어 있는 공간 활용

이렇게 해보세요

그릇장

주방의 접시들도 간편한 접시 보관대 하나
만 활용하면 크기별로 1단으로 보관하던
걸 2단으로 정리할 수 있어서 꺼내 쓸 때
훨씬 편해요.

냉장고

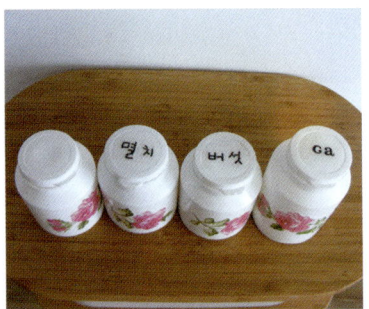

1 꽃무늬를 붙였을 뿐인데 껌통이 원래부터 양념통인 것처럼 멋지게 변신했답니다. 주
방에서 양념통으로 사용해도 밀폐력이 좋고 디자인도 예뻐요. 선반에 쭉 올려놓아도
인테리어 소품인 양 예쁘겠지요?

2 내용물이 안 보이니 껌통 뚜껑 위에
이름을 써주면 찾기 쉽고 글씨가 포
인트 역할까지 하네요.

집이 좁아서 정리가 안 된다고 고민만 하는 분들은 눈을 크게 뜨고 숨어 있는 공간을 찾아보세요. 잘만 활용하면 공간도 살아나고 없던 공간도 만들어서 효과적으로 이용하고 집도 넓게 쓸 수 있답니다.

준비물
껌통, 요구르트병

4 같은 용도로 사각 요구르트병을 활용해 만들 거예요. 필요한 개수만큼 활용하세요.

5 양념통으로 사용해도 깜찍하고 크기도 안성맞춤이에요. 뚜껑도 쉽게 열고 닫을 수 있어 사용하기 편해요.

3 냉동실 문 쪽 사용하지 않는 공간을 활용해봅니다. 벨크로를 붙이고 가끔 사용하는 가루들이나 양념류를 보관하면 공간도 활용하고 정리도 하고 아주 편리하지요.

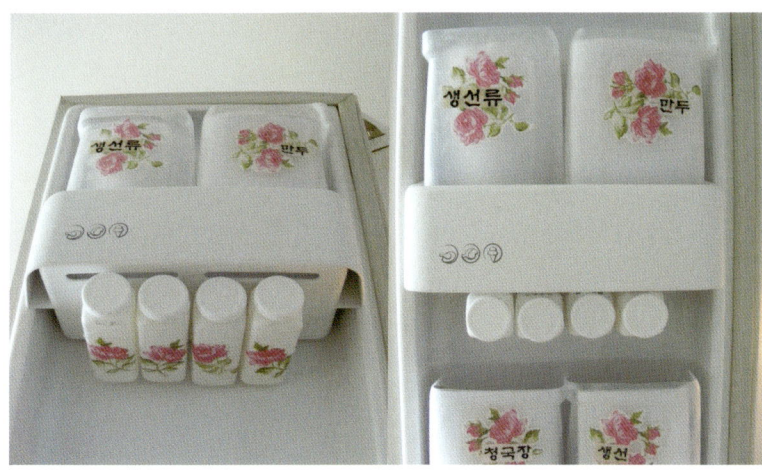

6 벨크로를 이용해 냉동실 문 쪽 숨어 있는 공간에 붙여도 멋지지요.

다용도실

김치냉장고 위는 보통 잘 활용하지 않지요. 뚜껑 여닫는 데 불편할 거라는 생각 때문인데 저는 몇 년째 그 공간을 잘 활용하고 있어요. 다용도실이 넓어서 수납이 문제되지 않으면 일부러 만들 필요가 없겠지만 공간이 부족하다면 눈길을 줄 만해요. 이 공간이 정말 많은 걸 해결해주거든요.

1 대개 아무것도 두지 않는 김치냉장고 위를 활용하려고 먼저 선반을 달았어요.

2 수납틀을 만들어 선반 위에 올렸고요.

3 수납틀에 꼭 맞는 바구니가 많은 식료품을 정리해주어요. 바구니에는 김, 라면, 캔류, 과자류, 잼류, 마른 음식 등을 담고 하나하나 이름표를 붙이니 찾기도 쉽고 포인트가 되네요.

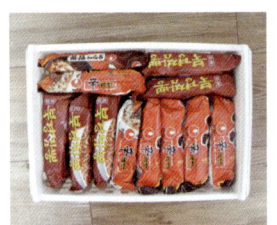

4 바구니 1개에는 라면이 12개나 들어가지요.

64

주방에서 바로 들여다보여서
자칫 지저분해 보일 수 있는 쓸모없는 이 공간이
활용도 높은 공간으로 탈바꿈되는 건
순전히 그 공간을 사용하는 주부의
선택에 달려 있어요.

Tip

바구니 구입 요령

시중에는 바구니 종류가 많고 모양도 다양
합니다. 1,000원짜리 바구니 한 개라도 불
필요하다면 구입하는 순간 처치 곤란한 쓰
레기가 될 수 있습니다. 바구니를 사용할
공간 크기를 먼저 잰 다음 최대한 그 크기
에 맞는 바구니를 구입하는 것이 요령입니
다. 불과 몇 센티미터 차이라고 생각하는
순간 수납에서 공간 활용도는 차이가 많이
난답니다. 수납 정리를 할 때는 1~2cm의
공간 차이에서 남과 다른 나만의 특별한 맞
춤 수납이 완성된다는 걸 꼭 기억하세요.

싱크대

1. 양념통

1 사용하지 않을 때는 제자리에 둡니다.

2 필요할 때는 내려놓고 쓰지요. 통 안에 수저가 들어가야 음식하다 간 맞출 때 흘리지 않고 바로 덜어 쓰기 편하잖아요?

3 습기가 많은 여름철엔 양념이 뭉치기 쉽지요. 그럴 때는 김이나 과자 안에 습기제거 목적으로 들어 있는 실리카겔을 양념통 뚜껑에 붙여두면 뭉침 현상이 없어진답니다. 여름철이 다가오면 뭉침이 생기기 전에 미리 뚜껑에 붙여두세요. 가끔 새 걸로 바꾸는 것 잊지 말고요.

2. 컵 걸이

1개에 3,000원 정도 하는 철망 수납장은 필요할 때는 끼워서 쓰고 필요 없을 때는 빼놓으면서 활용할 수 있어요. 좁은 공간에는 선반보다 철망 수납장이 활용도가 더 좋은 것 같아요. 여기저기 너무 많이 활용하면 자칫 지저분해 보일 수 있으니 주의하세요.

싱크대 상부장 아래 철망 수납장 보이죠? 선반 아래 끼워만 주면 컵이 깔끔하게 정리된답니다. 커피잔이나 컵을 10개나 걸 수 있어서 실용적이죠. 꼭 커피잔이 아니어도 필요한 것을 보관하면 되고요. 갓난아이가 있다면 우유병 등 아이용품을 설거지해서 올려놓아도 좋아요.

Tip

양념통 보관함 틀 활용
양념통 보관함 틀은 양념통 구입할 때 세워두고 사용하라고 따라오지요. 저는 여기에 저만의 아이디어를 발휘해서 글루건으로 주방 싱크대 상부장 아래에 붙여두고 5년째 사용하고 있어요. 작은 삶의 지혜로 숨어 있는 공간도 활용하고 주방도 빛나고 주부 마음도 빛납니다.

안방문

안방문 위 35cm 공간도, 문 뒤 공간도 정말 훌륭한 숨어 있는 공간이에요. 생각보다 많은 것이 그곳에 숨어 있죠? 여러분도 우리 집만의 숨어 있는 공간을 찾아서 멋지게 활용해보세요.

침대 밑

침대 밑 공간은 비어 있는 것보다 수납통이 들어가 있는 것이 훨씬 더 깔끔해 보인답니다. 가로 30cm, 세로 70cm짜리 커다란 통 6개가 들어가니 이것저것 잡다한 물건들 정리하기 참 좋아요. 정리해도 지저분한 물건들, 당장은 필요 없지만 버리기 아까운 것들 모두 이곳에 보관해보세요. 뚜껑이 있어서 먼지도 안 들어가고 내용물이 보이지 않아서 좋아요.

컴퓨터

어느 집에나 있는 컴퓨터 책상에 떡하니 자리 잡고 있는 키보드, 마우스 때문에 책상이 너무 좁지요. 이럴 때 디귿자 선반 하나만 있으면 키보드를 사용할 때는 앞으로 당기고 사용한 뒤에는 쏙 집어넣으니 책상이 깔끔해져요. 크기도 내 키보드에 맞게 만들면 책상 위가 훨씬 넓어진답니다.

머리방울 정리

1 빨대를 원하는 길이로 자른 뒤 가운데 부분을 가위로 잘라요.

2 가운데가 잘라진 빨대 안에 머리방울을 자기 짝끼리 세트로 넣으면 절대로 엉켜서 풀기 힘들고 한 짝 찾아 헤맬 필요 없이 찾기 쉽고 깔끔하게 정리되지요. 머리방울을 빨대 안에 넣기도 쉽고 빼기도 아주 쉬워요.

딸을 둔 엄마들은 고민이 하나 더 있어요. 여자아이들은 대개 머리가
길잖아요. 그러다보니 머리핀이니 머리끈이니 액세서리가 많지요. 머리방울도
그중 하나인데요. 머리방울 정리하기가 정말 어렵죠? 서로 엉키거나 꼬여서
풀기 힘들고 한 쪽은 어디 있는지 보이지 않아요. 이럴 때 빨대 하나로 고민을
날려버릴 수 있어요.

준비물
빨대

빨대도 방울 색깔에 맞추면 세트인 것처럼
더 예쁘겠죠?

완성!

IDEA

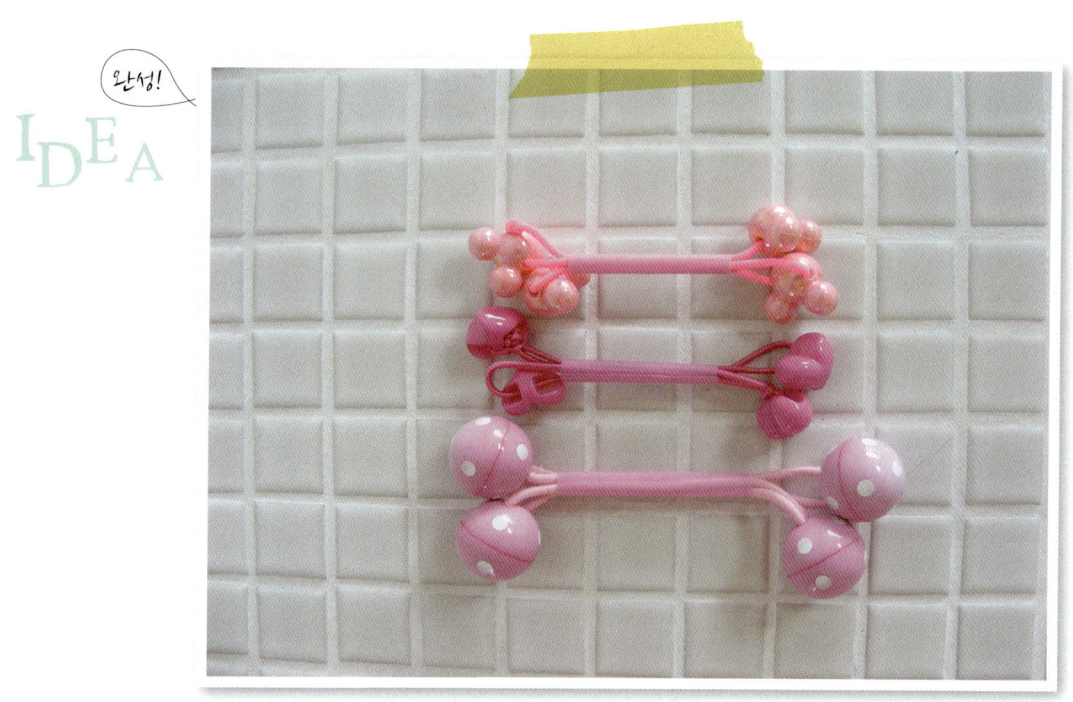

이렇게 해 보세요

1 큰 비닐봉지는 가운데를 중심으로 왼쪽에서 한 번, 두 번, 오른쪽에서 한 번, 두 번 접으면 가운데로 모아져요.

2 이번에는 위로 한 번, 두 번 더 접어요.

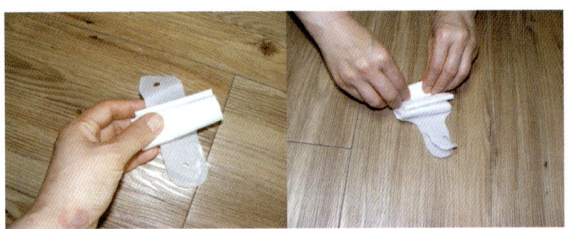

3 두 손으로 단단하게 말아요.

4 가운데 남아 있는 부분을 양쪽으로 벌려서 꽈배기처럼 비틀
  고 한쪽에 묶지 말고 끼워주면 돼요. 봉지 크기가 정말 작아
졌지요.

마트에서 물건을 담아온 비닐봉지는 언젠가는 쓰일 때가 있으니 보관하게
마련인데 대개 여기저기 어수선하게 흩어져 있어요. 기왕에 보관했다가 쓸
거라면 봉지도 정리를 제대로 하면 어떨까요? 이제부터 비닐봉지 접는 법을
알아볼게요.

준비물
플라스틱 통

완성품은 플라스틱으로 만든
통 안에 넣어서 보관하면
주방이 아주 깔끔해진답니다.

IDEA 6 비디오케이스 활용

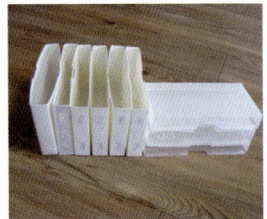

1 어렵게 구한 비디오케이스예요.

2 스카프, 민소매 티 등도 보관하기 편하고요. 개기 힘든 시폰 소재, 실크 소재의 작은 웃옷이나 소품을 보관하기 좋아요. 눌리지 않아서 주름도 생기지 않고 섞이지 않도록 하나씩 분류할 수도 있어요.

3 무엇이든 접어서 1칸에 하나씩 넣기도, 꺼내기도 편하고 한눈에 잘 보여서 정리를 잘한 것처럼 보이지요.

4 서랍장 안에 넣어 보관해도 되고, 옷장 안에 일자로 세워두거나 가로로 넣어도 깔끔해 보인답니다. 숨어 있는 공간을 찾아서 가로나 세로로 보관해도 되고요.

요즘 DVD가 발달하면서 거의 이용하지 않는 비디오테이프의 케이스는 구하기 어려워졌어요. 가끔 재활용하는 곳에 나올 뿐이니까요. 가볍고 튼튼한 비디오케이스는 잘 활용하면 쓸모가 아주 많답니다. 시폰이나 실크 소재 옷은 개서 서랍에 넣으려면 스르르 풀려서 개기도, 보관하기도 어렵잖아요? 그럴 때는 길이에 맞게 개서 비디오케이스에 넣으면 편하답니다. 은행 통장이나 영수증을 보관해도 되고 사진을 보관해도 안성맞춤이에요.

준비물
비디오케이스

IDEA

IDEA 7 빨대 활용

이렇게 해보세요

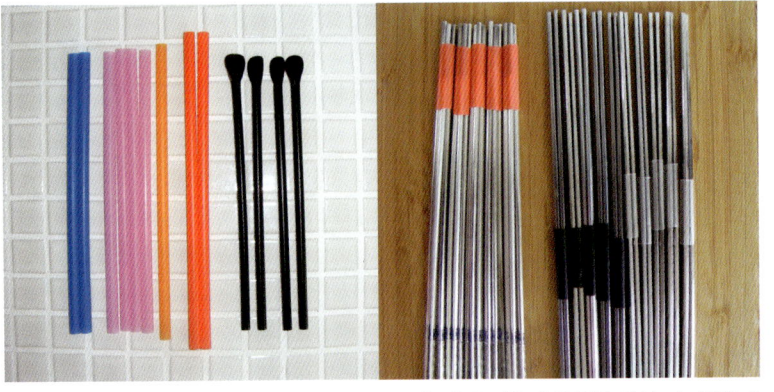

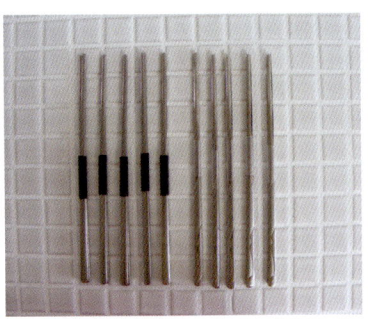

1 3~6cm 길이로 자른 빨대 1개에 젓가락 1모(2짝)를 끼우면 흔들림 없이 가지런하게 정리되지요.

2 20모(40짝)를 정리해보았어요.

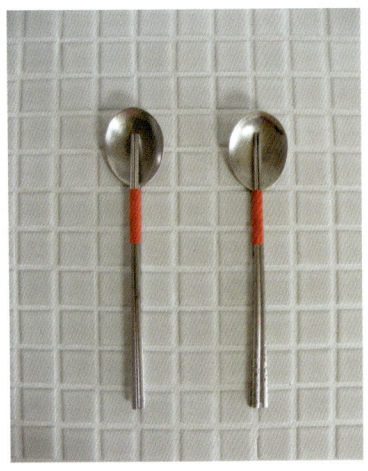

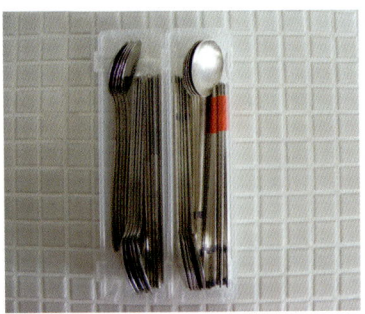

3 은수저는 상차림할 때 무늬를 맞추어 놓으려면 힘들잖아요. 짝끼리 맞추어서 한 벌로 끼우니 흔들림 없이 정리가 잘 되었어요.

4 빨대도 크기가 다양하니 크기에 맞춰 숟가락과 젓가락을 끼웁니다. 아주 가지런히 모으니 서랍을 여닫아도 흔들리는 소리도 나지 않고 깔끔해요.

평소에 수저를 가지런히 정리해놓아도 서랍을 여닫다 보면 흔들려서 자꾸만
모양이 흐트러지고 스테인리스가 부딪치는 소리도 나지요. 빨대를 활용해서
주방 서랍 안쪽에 둔 보관용 수저를 정리해보세요.

준비물
각종 빨대

슬러시 빨대도 활용해봅니다.
손님이 왔을 때 상차림에 활용해도 멋진 아이디어예요.
슬러시 떠먹는 앞부분이 젓가락 받침대가 되니 깜찍하죠?
맛있는 음식도 좋지만 작은 아이디어로 행복하고
재미있는 식사시간이 될 거예요.

IDEA

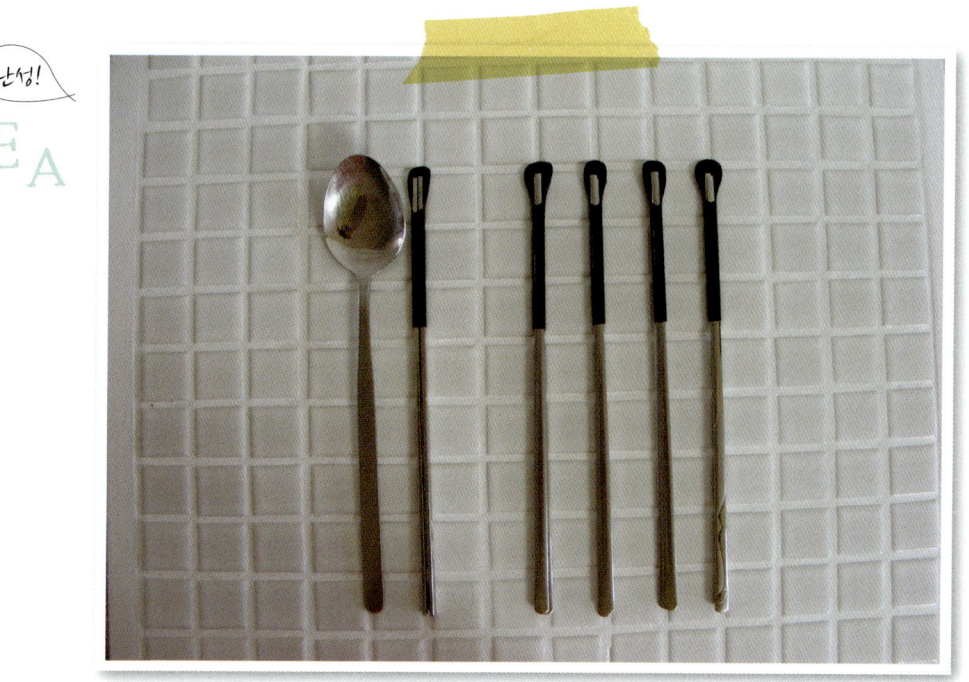

벌집 모양 정리함

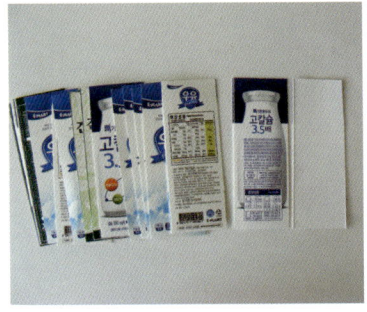

1 잘 씻어 말린 우유팩은 자와 커터칼을 이용해서 4면을 잘라요.

2 잘라진 한 면은 4등분이 되도록 접고 3개씩 투명테이프로 연결해요.

3 이제부터 6각형이 나오도록 테이프를 붙이세요. 한 줄이 완성되면 모양이 나올 거예요. 이때 길이는 서랍장 길이에 맞추면 되고요. 1줄 2줄 3줄… 벌집 모양이 나타나지요? 1줄씩 붙여서 완성된 우유팩이 약간 얇은 감이 있네요.

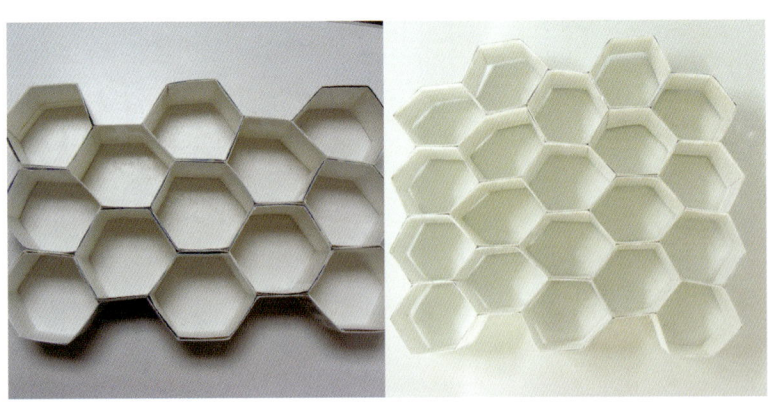

4 안으로 한 겹 덧대니 더욱 튼튼해지고 어수선한 상호도 감추어져 한결 깔끔해졌어요.

좀 더 특별한 나만의 정리함을 원한다면 도전해보세요. 육각형 모양이 여러 개
모여 있으니 독특한 수납함이 만들어져요. 벌집이 연상되기도 하지만 수납함
모양이 예뻐서 디자인만 봐도 정리가 잘될 것 같아요.

준비물
1,000mL짜리 종이 우유팩 10개

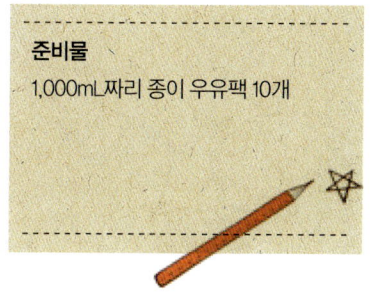

5 서랍 모양이 대부분 일자라서 만들기
더 편하겠지만 저희 집 서랍은 앞부
분이 둥글어서 맨 앞부분은 2개만 댔어요.

6 이제 물건을 정리하면 됩니다.

디자인이 독특해
더 멋지고 돈 안 들어서
더 예쁜 나만의 정리함,
그럴듯하죠?

IDEA

IDEA 9 녹옷 서랍장

1. 페트병으로 칸 나누기

페트병은 최소한 2ℓ는 되어야 쓰기 편리해요. 칸이 너무 작으면 빨래해서 넣고 꺼낼 때 불편해요. 쉽게 만들고 사용할 때 편리해야 수납 도구든 수납 방법이든 오래 유지할 수 있어요.

이렇게 해보세요

1 페트병을 똑같은 크기로 잘라요.

2 페트병을 서랍에 꽉 채워요. 한 줄에 6개씩 뒤로 4줄이니까 24개가 들어가니 딱 맞네요.

2. 자투리 나무나 저렴한 MDF 이용해서 만들기

수납장 가로 크기와 세로 크기, 높이를 자로 잰 뒤 내부를 디자인하고 목재를 저렴한 것으로 준비해요. 이때 서랍장보다 낮게 해야 정리해도 깔끔하고 물건을 넣고 꺼낼 때 편리하답니다.

이렇게 해보세요

1 목재 재단은 인터넷 사이트를 이용해도 되고, 서랍 한 개당 재료비도 3,000원이 안 돼요.

2 재단해서 오면 목공 본드를 발라서 붙이기만 하면 되고요.

속옷 서랍장을 흐트러짐 없이 깔끔하게 사용하려면 제일 먼저 칸을 만들어야 해요. 칸이 있어야 서랍 안의 모든 속옷이 한눈에 보여요. 또 찾기 쉽고 꺼내기는 더욱 쉬우면서 간단하고 통일감 있지요. 잠깐 힘들이면 평생 잘 활용할 수 있어요. 사용하다보면 기쁨은 100배, 200배 커질 거예요.

준비물
페트병 여러 개, 자투리 나무나 MDF, 목공 본드

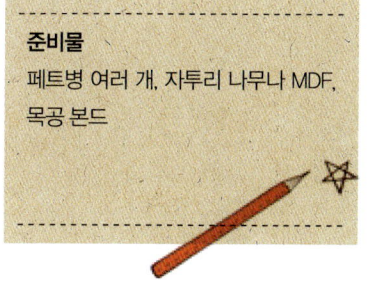

3 목재를 이용하니 구획칸이 페트병보다 더 커졌지요. 구획칸이 너무 작으면 수납력이 떨어지고 넣고 꺼내기도 불편해서 되도록 크게 만들었어요.

Tip

본드 손쉽게 칠하는 방법
본드를 칠할 때 신문지를 깔고 그 위에 비닐을 깔면 좋아요. 비닐 없이 작업하면 신문지가 목재 바닥에 붙어 있어요. 하지만 본드가 이미 굳은 다음이라 신문지나 신문의 잉크가 깨끗하게 떨어지지 않아요. 만들기부터 깔끔하게 하려면 비닐 한 장 정도는 미리 준비하세요.

물건의 크기나 양에 따라서 각자 크기를 변형해서 활용하세요.

IDEA

이렇게 해보세요

1 선반용 목재는 구입해도 되고 버려진 옷장, 선반 같은 것을 활용해도 돼요. 주워온 나무 사이즈가 맞지 않는다면 톱으로 잘라 이용하면 되고요. 조금은 삐뚤빼뚤 잘라져도 한쪽은 벽에 붙을 거라 괜찮아요.

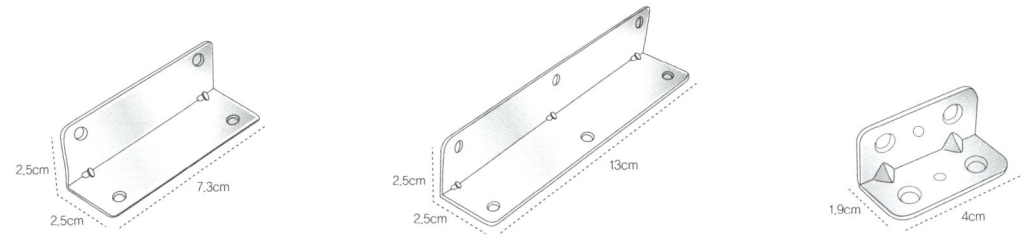

2 선반 달 곳에 선반다리를 달 공간이 없어서 안 보이는 윗부분에 꺾쇠라는 경첩을 이용해서 달았어요. 꺾쇠는 크기가 다양하니 필요한 걸로 구입해서 활용하면 좋아요.

집이 좁거나 작아서 고민인 사람을 위해 선반 활용법을 알아볼게요. 선반을 활용할 때는 보통 잘 보이는 곳에 다는데 저는 오히려 남들이 모르거나 보이지 않는 곳에 달아요. 선반 때문에 별 의미 없던 공간도 멋지게 살아난답니다. 선반은 무궁무진하게 변형할 수 있으니 많이 활용하고 아이디어도 나누어요.

준비물
선반이나 나뭇조각

방문을 열면 다른 사람들에게는
안 보이고 감쪽같지요?
문 뒤와 위쪽 공간만 활용해도 수납이 많이 되고
정리가 된다는 걸 아셨을 거예요.

3 선반이 달리고 물건이 올라가면 제아무리 잘 정리해도 깔끔하지는 않거든요. 그래서 안방에 선반을 달 때도 방문 위 30cm, 사용하지 않는 공간을 이용했어요.

IDEA

IDEA 11 영수증 정리함

이렇게 해보세요

 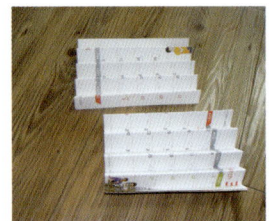

1 먼저 스탠드형 달력의 아래쪽을 자르세요. 아래 다리 부분이 잘리니 달력이 길게 펴지지요.

2 이번에는 달을 표시하는 12장 중 5~6장을 남기고 뜯으세요.

3 뜯어진 종이 중 2장을 겹쳐서 부채 모양 접듯이 지그재그로 접으세요. 2장을 겹쳐서 같이 접어야 양쪽으로 크기가 같게 나옵니다. 접었을 때 주름이 10개 전후가 나오면 활용하기 좋아요.

4 두 겹으로 겹쳐 접어진 종이는 빼서 종이 맨 끝쪽에 풀을 칠한 뒤 달력에 붙여요.

5 이제부터는 내용물을 넣을 주머니를 만들 거예요. 주름지 한쪽에 종이를 한 장 넘기고 주름지 한쪽에 종이를 한 장 넘기기를 반복해요.

달력의 수명은 한 달일까요, 일 년일까요? 지난 달력을 이용해서 영수증 정리함을 만들어요. 이때 주름의 개수가 많으면 내용물을 분류할 페이지가 늘어나고 주름의 개수가 적으면 분류할 보관함 개수가 줄어들어요.

준비물
스탠드형 달력

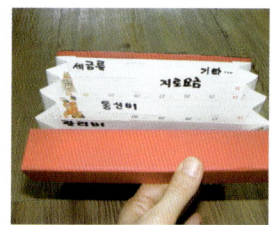

6 주름지 맨 끝에도 풀칠을 하고요. 닫았다 펼쳤다 할 때는 벨크로라는 찍찍이를 이용해서 홀더로 활용해요.

7 칸칸이 분류해서 이름도 써주면 더 편리하겠죠? 연도별로 분류하거나 1, 2, 3… 등으로 분류해서 보관해도 되고요.

책꽂이나 서랍 등 어디에 넣어둘 때도
전체 모양이 세모니까 반대로 2개씩 겹쳐놓으면
반듯한 네모 모양으로 변신해요.
훨씬 깔끔하면서 공간도
멋지게 활용할 수 있어요.

IDEA

옷걸이 활용

냉동실 김 보관함

김은 식탁의 인기 반찬이지만 습기가 많은 여름이면 금방 눅눅해지지요. 어쩌다 한 톳씩 선물이라도 받으면 보관하기도 어렵고요. 뱅어포, 초콜릿 같은 것들은 크기가 다소 커서 보관하기 힘든 물건들이에요. 이런 물건들은 항상 맨 위에 올려서 보관하고 다른 물건들을 꺼낼 때는 먼저 꺼냈다가 다시 집어넣기를 반복해야 하지요. 이제 숨어 있는 공간을 이용해서 한 곳에 보관하면 다른 물건 꺼낼 때 거치적거리지 않고 냉동실도 깔끔하게 정리돼요.

이렇게 해보세요

2 가장자리 끝 쪽은 니퍼로 살짝 오므리고 서로 연결해요.

1 세탁소 옷걸이 5개는 잘라서 일자 모양으로 길게 펴세요. 길게 펴진 옷걸이 2개는 디귿자 모양으로 접으세요. 이 모양이 몸체가 될 중요한 부분이에요.

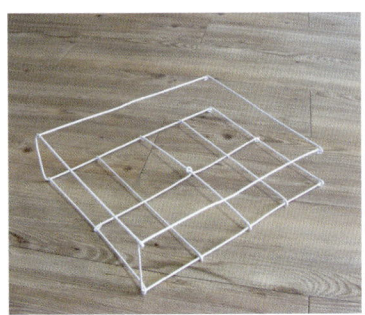

3 처음에는 디귿자가 흔들거리고 힘이 없지만 아랫부분에 여러 개가 연결될수록 단단해져요.

4 이렇게 완성된 틀을 냉동실 선반 아래 숨어 있는 공간에 끼워놓고 사용하면 아주 유용하답니다. 물론 필요 없을 때는 빼놓으면 되고요.

세탁소 등에서 손쉽게 얻을 수 있는 옷걸이는 다양하게 활용할 수 있어요.
재활용의 좋은 점이 바로 이런 거예요. 재료비가 들어가는 것도 아니니
부담스럽지 않고 자꾸 만들다보면 더 멋지고 기발한 아이디어가 샘솟지요.
그중 유용한 몇 가지만 소개할게요.

준비물
옷걸이, 니퍼

5 전장 김, 초콜릿처럼 넓이가 있어 보
관하기 힘들었던 물건들도 케이스째
들어가서 깔끔하고 예쁘게 보관할 수 있어
요. 냉동실에 얼려서 넣을 물건을 지퍼백
에 담아 이곳에 넣고 살짝 얼리면 평평하
고 납작하게 잘 얼어요.

6 세로로 수납하기 전에 이곳에 넣어서
살짝 얼린 뒤 아래 수납 바구니에 세
로로 세워서 보관하면 그만이에요. 뭐든
만들고 나면 여러모로 활용할 거리가 생기
잖아요.

독서대

아이들도 어른들도 목 아프지 않게 편하게 독서할 수 있어요. 세탁소 옷걸이가 해결해주니까요. 칼라 세탁소 옷걸이로도 독서대를 만들어보세요. 독서대는 돈 안 들이고 만들 수 있고 아이디어가 멋져 인기 가 더욱 좋아요.

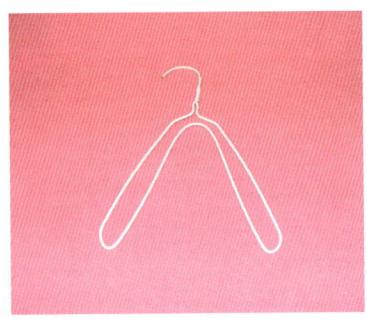

1 먼저 옷걸이 가운데를 밀어올리세요.

2 니퍼를 이용해서 양쪽 사다리 라인을 일자가 되도록 살짝 끝을 꺾으세요.

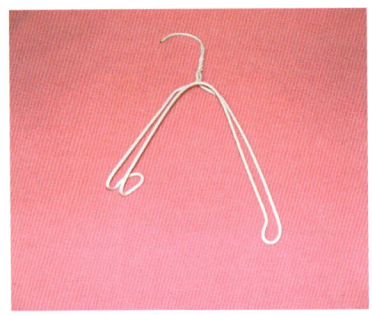

3 일자 라인 끝부분을 니퍼로 90도 정 도 꺾고 2cm 정도 남기고 한 번 더 90도 정도 꺾어요. 나머지 한쪽도 같은 방 법으로 하세요.

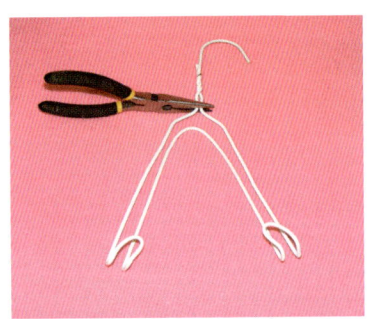

4 옷걸이 윗부분을 니퍼를 이용해서 90도 꺾고 옷걸이 고리 부분을 가운 데로 돌려요.

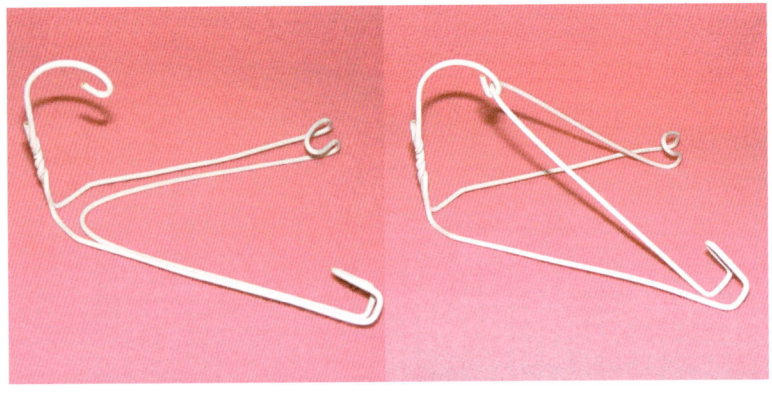

5 고리 끝부분을 니퍼로 살짝 휘어서 아랫부분을 당겨 고리 부분에 걸고 니퍼로 고정하 면 끝입니다.

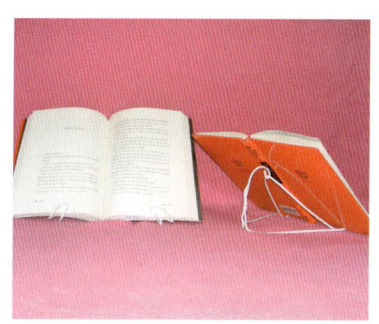

6 독서대가 완성되었어요. 크기가 큰
   책도 작은 책도 모두 놓을 수 있고 넘
어지거나 쓰러지지 않으면서 책장도 잘 넘
길 수 있어요.

이렇게 놓으니
장식장이 훨씬 품격 있어 보이죠?

분리 배출함

휴지통, 쓰레기통, 빨래 보관함, 분리 배출함 등 다용도로 여기저기 필요한 곳에 만들어놓고 사용해보세요. 납작하게 잘 접히니 사용하지 않을 때는 간편하게 접어 보관하기도 쉽습니다. 여러 가지로 실용적이고 활용도 높은 멋진 보관함이 될 거예요.

이렇게 해보세요

1 옷걸이를 윗부분만 자른 뒤 일자로 펴세요.

2 4개는 하트를 만들고(91쪽 참조) 나머지 4개는 ㄷ근자 모양으로 접으세요. 이때 하트는 2개만 만들어도 된답니다. 하트는 디자인을 예쁘게 하려고 필요하지만 비닐을 걸어주는 역할을 한답니다.

3 투명테이프를 이용해서 단단하게 감아 옷걸이를 연결해요.

4 한 면, 두 면, 세면을 연결하면 삼각형으로도 만들 수 있고요. 네 면을 연결하면 사각형이 만들어지고 오각형, 육각형 등 디자인은 변형할 수 있어요.

5 만들어놓은 사각틀에 비닐봉지를 씌우면 어디서든, 어떤 용도로든 활용할 수 있어요. 물론 크기도 얼마든지 더 작게 하거나 더 크게 할 수 있고요. 욕실에서는 세탁물 보관함으로도 깔끔하게 이용하세요.

6 이번에는 분리 배출함으로 변신시켰어요. 보관함 3개를 만들어 각자 이름표를 달아도 좋고 비닐봉지에 바로 이름을 써도 좋아요.

플라스틱, 종이류, 캔 등
분리 배출함이 만들어졌어요.
이제 분리 배출하는 날 비닐만 쏙
빼들고 가서 버리면 된답니다.

완성!

IDEA

아이 옷걸이

어린아이들 옷은 일반 세탁소 옷걸이를 이용하면 옷걸이가 너무 커서 예쁘게 걸리지도 않고 옷의 모양
도 틀어지게 되지요. 이때 옷걸이 모양을 살짝 변형하면 옷걸이 크기가 작아지면서 연령대에 맞추어 옷
을 예쁘게 걸 수 있답니다. 옷걸이 크기는 연령에 따라서 좀 더 크게 또는 작게 조절해서 사용하세요.

이렇게 해보세요

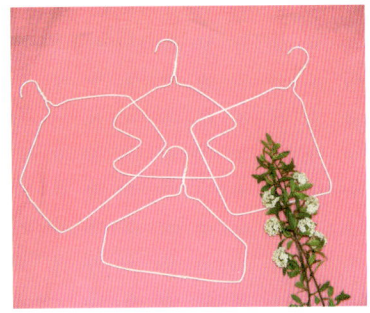

1 여러 가지 디자인으로 줄여서 만들어
보세요. 10~20개 만들어놓으면 요모
조모 잘 활용할 수 있답니다.

2 줄인 옷걸이는 그냥 사용해도 되지만 리본 등을 예쁘게 감으면 좀 더 깜찍하고 멋진
우리 아이만의 멋진 옷걸이로 만들어줄 수 있어요.

일반 옷걸이와 작게 줄인
옷걸이를 비교해보세요.

IDEA

하트 만들기

세탁소 옷걸이로 하트를 만들 거예요. 하트는 쓸모가 많으니 여러 개 만들어두면 좋아요. 처음에는 어려운 것 같아도 몇 번 해보면 누구나 쉽게 예쁜 하트를 만들 수 있어요. 사실 힘보다는 요령이 필요한데 요령은 연습하는 과정에서 터득하게 되거든요.

 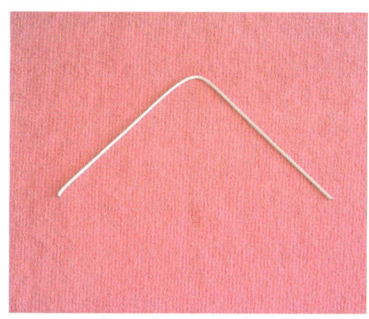

1 세탁소 옷걸이를 아랫부분만 잘라요. 혹 더 큰 하트를 원하면 윗부분까지 자른 뒤 일자가 되게 펴면 돼요.

2 양끝을 한쪽씩 잡고 가운데 부분부터 휘어보세요.

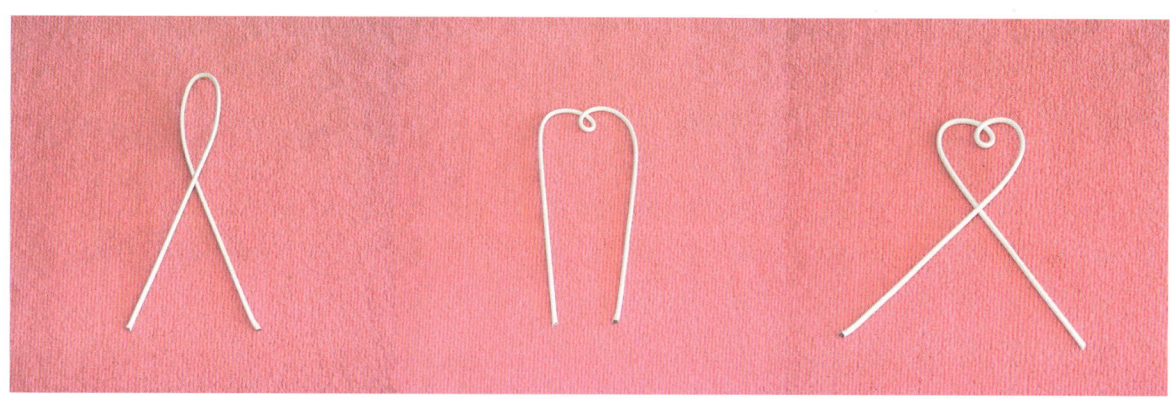

3 한 바퀴를 돌아서 원이 교차하면 작은 동그라미가 만들어지고 두 바퀴째는 하트가 만들어져요.

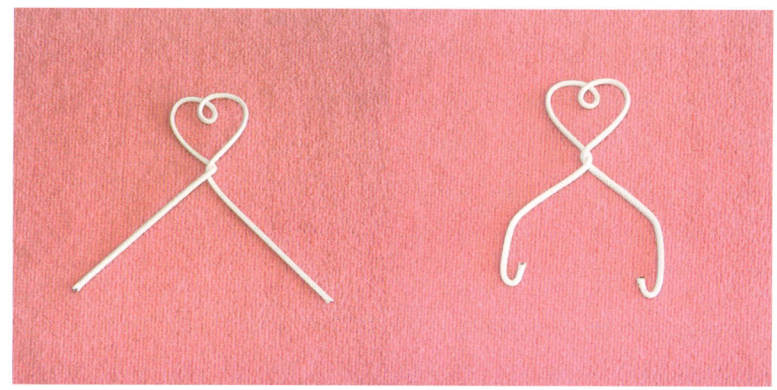

4 원하는 하트 크기가 나올 때 멈춘 뒤 하트 모양을 잡고 한 손으로 반 바퀴 돌리면 하트 모양이 고정돼요.

사진 꽂이

사진 등을 벽에 걸어두거나 테이블 위를 장식할 때 또는 식탁 위에 냅킨을 꽂아놓아도 예쁜 다용도걸이
예요. 혼자서도 잘 서 있으니 필요한 용도로 활용하세요. 잊기 쉬운 청첩장도, 각종 메모지도, 크리스마
스카드도 꽂아두고 어디든 예쁘게 장식하세요. 만드는 법도 생각보다 쉬워요.

이렇게 해보세요

1 세탁소 옷걸이 윗부분을
니퍼로 잘라요.

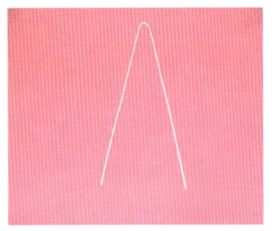

2 일자로 길게 편 세탁소
옷걸이를 가운데 부분을
두 줄이 되게 휘어주세요.

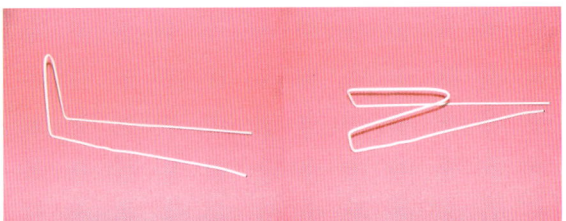

3 아랫부분에 지지대가 만들어지게 꺾은 다음 날개 부분을 접
어요.

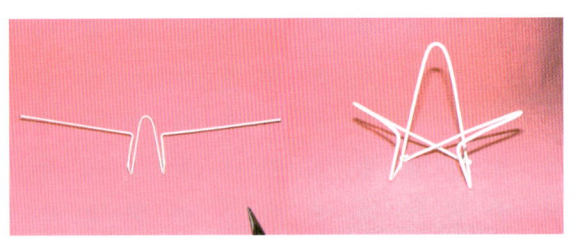

4 뒤로 엑스자가 되듯이 교차되게 꺾고 남는 부분은 잘라내면
완성됩니다.

5 벽에 활용할 때는 할핀을
이용해서 옷걸이 액자를
꽂으면 된답니다.

6 멋진 사진을 장식해줄 세
탁소 액자에 아이들 사진
을 꽂아보세요. 액자로 이용할
때는 여러 개를 걸어서 장식해
도 예쁘답니다.

커피잔 걸이

밋밋한 장식장을 환하게 만들어주는 커피잔 걸이를 만들어보아요. 세탁소 옷걸이 여러 개를 가져다 연습해보세요. 처음에는 어렵다고 생각할 테지만 반복적으로 연습하면 돼요. 일단 만드는 방법을 익히면 뚝딱 만들어서 누구에게 선물해도 사랑받는 멋진 아이템이랍니다.

이렇게 해보세요

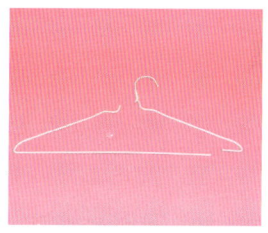

1 옷걸이 끊는 부분이 중요해요. 니퍼로 사진과 같은 부분을 끊어요.

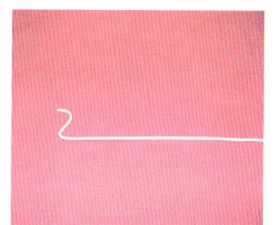

2 이 부분이 커피잔이 걸릴 부분이고 포인트가 되는 부분이에요.

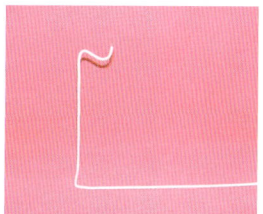

3 사진처럼 잔 손잡이가 걸릴 수 있도록 살짝 휘어 주세요.

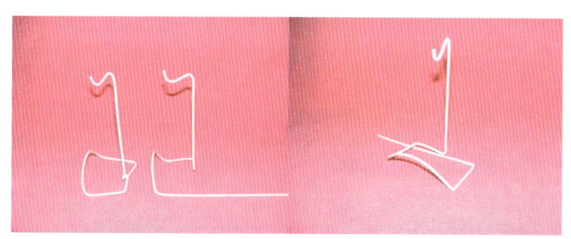

4 일반 잔이라면 15~16cm, 작은 잔이라면 13cm 정도 길이를 잡고 옆으로 꺾으세요. 한 번 더 직각으로 꺾으면서 잔받침이 걸릴 부분을 약간 둥글게 휘어 전체적으로 사각형으로 만들면 됩니다.

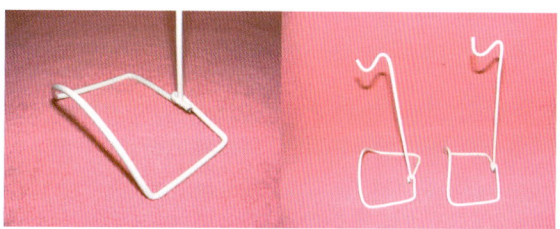

5 남는 부분은 휘어서 마감할 부분을 남기고 잘라내고, 끝부분을 휘어서 니퍼로 고정하면 완성됩니다.

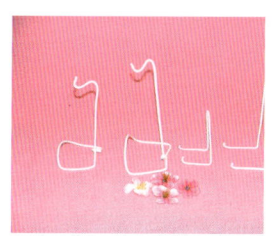

6 여러 가지 모양으로 만들 수 있어요.

7 컵을 꽂아 다양하게 활용하세요.

슬리퍼 걸이

돈 안 들이고 세탁소 옷걸이와 니퍼로 예쁘고 멋진 슬리퍼 걸이를 만들 거예요.
실용성이 뛰어나고 현관 앞에 장식용으로도 두면 아주 예쁘답니다.

이렇게 해 보세요

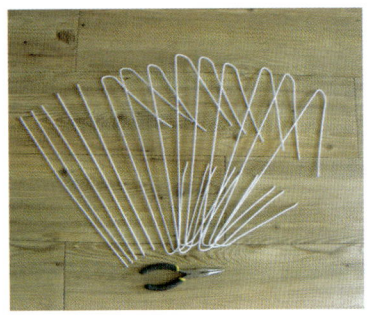

1 옷걸이 14개를 사진처럼 잘라 모두 일자로 길게 펴세요.

2 1개는 직사각형으로 만들고 마감 처리는 투명테이프로 해요. 2개는 산 모양으로 가운데만 2등분 되게 접으세요.

3 끝 쪽을 약간씩만 휘어서 옷걸이 사이에 넣고 니퍼로 꾹 찍으면 단단하게 고정됩니다.

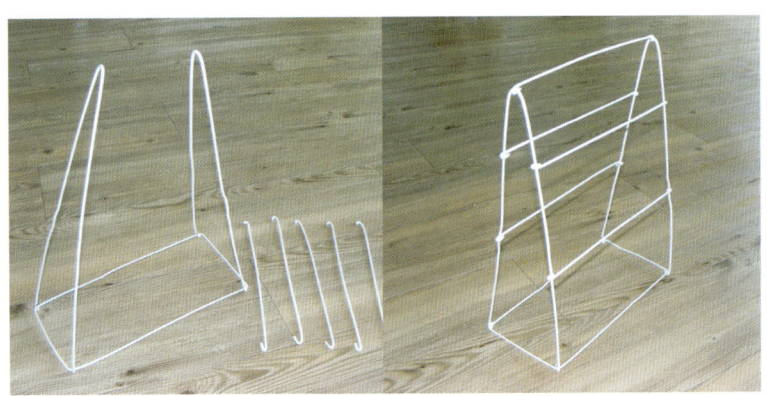

4 그다음은 짧은 일자 모양 5개를 같은 방법으로 끝부분만 구부려서 니퍼로 연결하고요. 여기까지 하면 흔들리던 옷걸이가 단단해지는 것을 느낄 수 있습니다. 짧게 연결한 일자 모양이 단단하게 지지대를 만들어주니까요.

5 이번에는 하트를 만들 거예요. 하트는 신발을 하나 들고 슬리퍼가 빠지지 않고 고정될 수 있는 중간 부분에서 멈춘 뒤 옷걸이를 한 바퀴 돌려서 고정하면 됩니다.

6 하나가 만들어지면 나머지 5개도 처음 하트를 대고 같은 크기로 만들면 돼요.

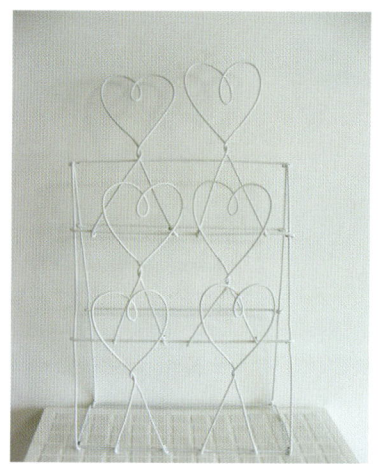

7 하트 고정도 같은 방법으로 한 단에 2개, 즉 한 켤레씩 니퍼로 꾹 눌러 고정하면 됩니다. 신발걸이가 많이 필요하면 뒷부분을 이용해서 하트 모양을 더 만들어도 돼요.

이제 감상해보세요.
사람들이 좋아하는
하트 모양이어서
슬리퍼 걸이가 더 예쁜데요.

IDEA

IDEA 13 장롱 틈 활용

안방 옷장 옆 자투리 공간 30cm를 어떻게 활용하나요? 보통은 돗자리, 자석요, 병풍, 큰 상 같은 것들을 세워서 옷장까지 지저분해 보이기 쉬운데요. 이럴 때 방법이 있어요.

이렇게 해 보세요

30cm 자투리 공간에 주워온 수납장을 넣고 위에 남는 공간도 박스 가구로 채웠어요. 문은 맞지 않아서 윗부분만 달았어요. 속이 칸칸이라 옷장처럼 활용하니 오히려 진짜 옷장보다 활용도가 훨씬 좋아요. 문이 없는 아랫부분에는 가방도 수납하고요.

IDEA

전단지 활용

매일 신문과 같이 들어오는 광고 전단지를 여기저기 이용하고 활용하는 방법이 있어요. 잘 활용하면 다용도로 요긴하게 이용할 수 있답니다. 크기를 크게 하면 많이 들어가고, 무거운 것을 담을 때는 두 장을 겹쳐서 만들면 더 튼튼하지요.

이렇게 해보세요

1 먼저 위에서 아래로 3분의 1 정도를 접으세요. 이번에는 뒤로 돌려서 가로로 왼쪽에서 오른쪽으로 3분의 1 정도를 접고 오른쪽에서 왼쪽으로 나머지 3분의 1을 먼저 접어진 안으로 끼우세요. 이때 3분의 1보다 크게 벌리면 크기가 커진답니다.

2 이제 아랫부분을 접어볼게요. 아래 끝 쪽을 마주 보게 두 쪽 접고 꺾어서 안으로 밀어 넣어요.

3 드디어 봉투가 완성되었어요. 제법 모양이 살죠?

4 크기별로 크게 또는 작게 접어놓고 필요할 때 꺼내 쓰고 버려도 아깝지 않지요. 심심할 때 크게 작게 여러 개 만들어놓고 하나씩 꺼내서 활용하세요.

5 과일도 채소도, 다른 음식 재료도 담아두니 넘어지지도 않고 찾기도 쉽고 섞이지 않고 좋아요. 담을 때 살짝 밑에 각을 잡으니 혼자서도 잘 서 있네요.

6 냉장고 야채실을 정리하는 데도 활용해보세요. 봉투 몇 개를 활용해서 각각의 물건을 따로따로 보관하면 물건이 서로 섞이지 않게 칸막이 역할도 하니 깔끔하고 예쁘지 않나요?

Tip

음식물 쓰레기와 비닐봉지
음식물 쓰레기가 담긴 비닐봉지를 버리러 가다보면 물이 뚝뚝 떨어지기도 하잖아요. 이럴 때도 전단지 봉투를 활용해보세요. 잠깐 동안은 물이 떨어지지 않고 깔끔하게 음식물 쓰레기를 버릴 수 있답니다.

신문지 봉투
신문지로 아주 크게 만들어서 다용도실 같은 데서 감자, 고구마, 양파 등을 보관하면 흙도 안 떨어지고 습기나 햇빛으로부터도 보호되고 좋아요. 이때는 신문지를 2~3장 겹쳐서 만들면 봉투가 더 단단하고 힘이 있답니다.

이렇게 해보세요

1 정리함 하나를 살펴볼까요? 국수류를 보관하려니 자꾸 쓰러지고 넘어져서 지저분해보이지요.

2 자투리 나무로 칸막이 하나를 만들어서 넣으세요.

3 내용물이 종류별로 분류도 깔끔하게 되고 물건들도 쓰러지지 않고 줄 맞춰서 잘 서 있어요. 칸막이는 필요하면 넣었다가 큰 물건을 보관할 때는 뺄 수 있으니 실용적이지요.

4 커피나 차를 보관하려 할 때 커피와 티백은 키가 차이나잖아요. 커피믹스는 키가 크니 그냥 사용하고, 티백 종류는 키가 작으니 페트병을 2단으로 만들어 주면 보관하기도 편리하고, 꺼내기도 아주 쉽고, 구분해서 넣기도 좋아요.

5 페트병 10개가 통 안에 쏘옥 들어가고 크기도 딱 맞네요.

목재로 칠판 수납함을 만들 거예요. 칠판이라 분필로 이름을 썼다가 물티슈로 간단하게 지울 수 있어요. 모양도 귀엽고 깜찍하니 만들어보세요.

준비물
자투리 나무, 페트병

다용도실에서도 선반에 얹어두고 사용해요. 물건들이 줄맞추어 잘 정리되니 기분 좋은데요. 식료품도, 선물받은 오일도 사용하기 편리한 곳에 자리 잡아주니 다용도실이 넓어졌어요.

IDEA

Tip

시트지로 수납함 만들기
칠판 수납함이 목재라서 만들기 어렵다고요? 그럼 1,000원짜리 바구니에 칠판 시트지를 이용해서 만들어보세요. 1,000원짜리 바구니가 칠판 달린 예쁜 이름표를 만나면 5,000원짜리 바구니로 변신한답니다. 자투리 나무나 두꺼운 종이에 칠판 시트지를 붙이면 멋진 이름표가 완성되지요. 이름도 썼다 지웠다 할 수 있으니 한번 도전해보세요.

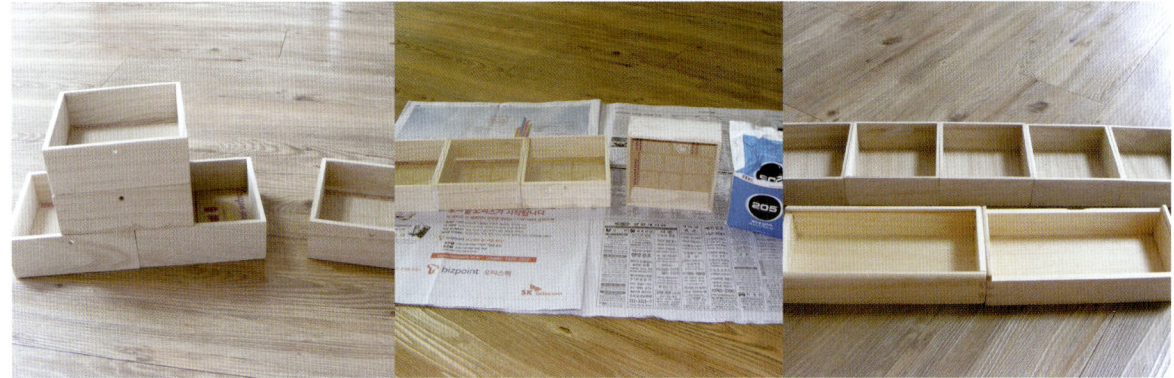

1 필요한 만큼 목공 본드로 옆 부분을 붙여요.

2 예뻐 보이라고 앞면에 장미 무늬를 붙였어요.

3 이제 페인트를 칠하면 완성입니다. 상자의 키가 낮은 듯해서 자투리 나무를 앞에만 댔어요. 키가 조금 높으면 물건을 많이 가리니까 정리했을 때 훨씬 깔끔해 보이더라고요.

화장대 앞의 화장품들은 매일 사용하지만 어딘지 모르게 어수선해요. 그래서 화장대를 정리하려고 해요. 저는 5개를 이용해서 만들었지만 장소와 필요에 따라 3개, 4개, 6개 등 얼마든지 조절할 수 있으니 필요한 만큼 활용하세요. 무료로 얻을 수 있는 홍삼 상자를 이용해서 만들어도 좋아요.

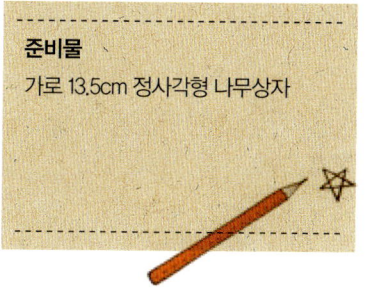

준비물
가로 13.5cm 정사각형 나무상자

종류별로 분류해 찾기 쉽게 줄맞추고
쓰임새가 많은 사각 요구르트병도 활용해 정리해요.
요구르트병 안에는 면봉, 펜슬, 브러시 종류나
작은 연고를 넣으면 찾기 쉽고 꺼내기 쉬워요.

완성!

IDEA

STORAGE

Open Your Heart

PART
3

싹 바뀐 분위기

김치냉장고 리폼

1 냉장고에 디자인을 줄 몰딩을 목공 본드를 이용해서 붙이고 목공 본드가 잘 붙도록 박스테이프를 이용해서 단단하게 붙여 고정해요. 이때 다른 무늬나 디자인은 취향대로 더 가감해도 되고요. 심플한 것이 좋다면 깔끔히 페인팅만 해도 좋아요.

2 4~5시간 뒤 본드가 마르면 테이프는 떼어내고 본격적으로 페인팅을 해요. 이때 붓이나 롤러를 이용하면 훨씬 편리해요.

3 앞판에 붙은 계기판 칠하기가 약간 까다로우니 일자드라이버로 떼어내요. 떼어낸 판은 따로 칠해서 마른 다음 다시 끼우면 훨씬 깔끔하게 마감되지요.

4 페인팅은 처음에 아주 꼼꼼하게 한 번 바른 뒤 그다음에는 처음보다는 덜 꼼꼼하게 한 번, 또 한 번 해서 최소한 3번은 해야 해요. 그리고 떼어놓은 앞판을 끼우면 완성입니다.

5 새 옷을 입히니 새로 구입한 것 같아요.

자주색 냉장고나 김치냉장고를 가지고 있는 분들은 색깔이 싫증나서 바꾸고 싶지만 100만 원을 훌쩍 넘는 금액 때문에 망설인 적이 있을 거예요. 이런 분들은 과감히 도전해보세요. 페인팅 하나만으로 새 김치냉장고로, 아니 더 멋진 가구 같은 냉장고로 탈바꿈할 수 있어요. 이제부터 10년은 더 사용해도 될 것 같아요.

준비물
페인트, 붓, 몰딩, 일자드라이버, 본드

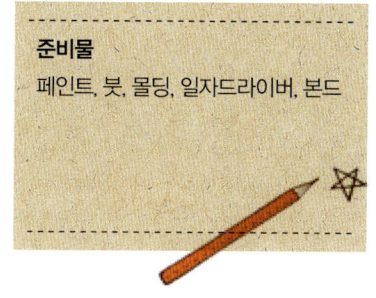

김치냉장고를 같은 방법으로 탈바꿈한 냉장고와
나란히 놓으니 세트 상품 같지 않나요?
가구 같은 냉장고와
가구 같은 김치냉장고가 무척 예쁘네요.

REFORM 완성!

이렇게 해보세요

1 손잡이까지 바꾸려고 해요. 먼저 손잡이 부분을 떼어내요. 손잡이 부분 어딘가를 일자드라이버로 벌려보면 손잡이가 빠질 거예요. 혹 나사가 보이면 풀고요.

2 구멍 나 있고 울퉁불퉁한 손잡이 부분은 메꿈이로 메우고 강력한 사포로 면이 평평하게 되도록 문질러요.

3 원하는 디자인으로 목공 본드를 이용해서 몰딩을 붙이는데, 깔끔하게 붙지 않은 부분은 메꿈이로 군데군데 처리해요.

4 이제 젯소로 바탕을 2번 정도 칠해요.

5 원하는 색으로 페인팅하고요. 리폼용 냉장고 색은 흰색이 제일 나은 것 같아요. 1번, 2번 페인팅이 완성되니 냉장고의 면모가 드러나죠?

오래돼서 디자인도 구형이고 색깔도 유행에 뒤떨어진 냉장고가
마음에 들지 않아요. 새로 하나 구입하면 좋겠지만 주머니 사정이 여의치 않을
때 리폼이 있잖아요. 약간의 수고로 완전히 탈바꿈시키는 것 말이에요.
외식 한 번 했다 치고 그 돈을 재료 사는 데 투자해서 과감하게 도전해보세요.
총 재료비는 손잡이 5만 원, 몰딩 15,000원, 메꿈이 6,500원 들었고
페인트랑 본드, 젯소는 집에 있는 것을 썼어요.

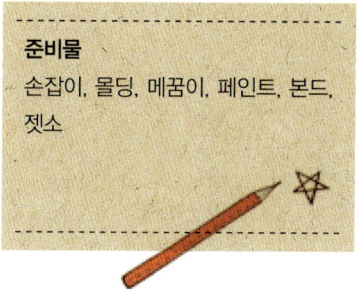

6 검은색 단조 손잡이를 달
면 완성입니다.

REFORM

왼쪽 위, 오른쪽 아래에 붙인
단조 무늬는 하고 싶은 분만 하면 돼요.
저렴한 비용으로 예쁘게 변신한 냉장고,
바라만 보아도 행복해요.
이 맛에, 이 행복감에
리폼에 중독되는 것 같아요.

이렇게 해보세요

1 자세히 보면 시트지가 너덜너덜 벗겨져 보기 싫은 상부장과 하단의 싱크대를 철거했어요. 싱크대는 싱크대집에서 가격이 저렴한 제품으로 교체했습니다.

2 상부장에는 파벽돌로 직업했어요. 처음 작업하려면 쉽지 않겠지만 요즘은 보편화되어 용기만 낸다면 초보도 쉽게 도전할 수 있어요.

3 오늘의 주인공은 바로 철가방입니다.

4 먼저 젯소를 바릅니다. 철가방도 칠해지는지 궁금하죠?

5 요렇게 젯소 칠을 2번 정도 하면 더 좋아요.

6 노란색으로 재탄생한 철가방, 색이 예쁘게 잘 칠해졌어요.

7 이제 파벽돌 위에 노란색 철가방을 선반으로 달아요. 그런데 철가방 위가 좀 허전해보이지요.

정말 마음에 안 드는 싱크대 앞에 서면 밥도 하기 싫을 때가 있잖아요. 이럴 때 싱크대를 예쁘고 멋지게 바꾸면 삶도 멋지게 바뀔 거라고 생각하며 도전해보세요. 싱크대를 철거한 뒤 상부장을 없애고 파벽돌로 마감하고는 철가방으로 독특하고 깜찍한 나만의 멋진 철가방 수납장을 만들 거예요.

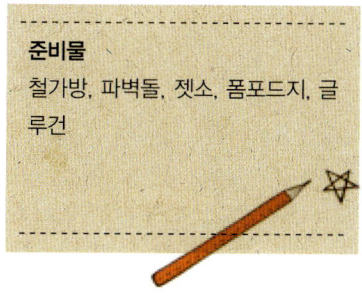

준비물
철가방, 파벽돌, 젯소, 폼포드지, 글루건

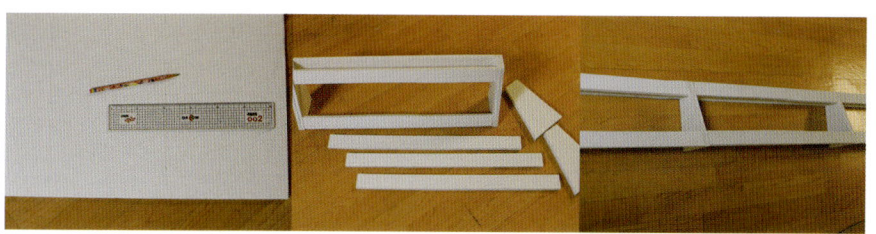

8 철가방을 달 어닝을 만들기 위해 폼포드지 뼈대를 글루건으로 붙여요.

9 철가방 위에 뼈대를 붙이고요.

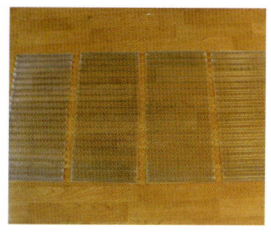

10 폼포드지는 가볍고 가위로도 잘 잘라진답니다. 여러 개를 잘라서 폼포드지 위에 얹으면 카페 같은 멋진 어닝이 만들어질 거예요.

11 하얀색 페인트로 옷을 입히고 철가방과 어울리는 노란 스트라이프 무늬를 넣으니 더 멋지네요.

12 싱크대 전체가 완전히 바뀌었어요. 늘 주방에 있고 싶을 만큼 분위기가 좋아졌어요.

 Tip

주방문 리폼
주방 옆 다용도실로 나가는 문도 페인팅 한 방에 완전히 바뀌었어요. 요렇게 깔끔하게 바뀔 수 있다는 걸 붓을 들기 전에는 상상도 못했어요.

REFORM 4 바지걸이

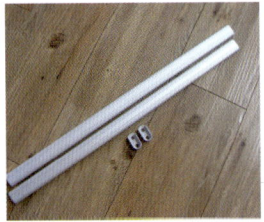 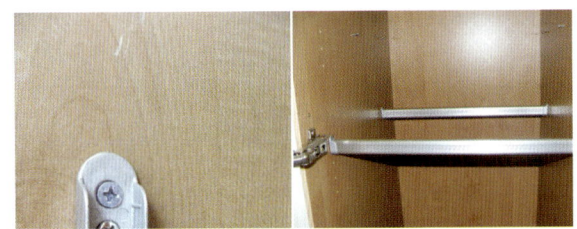 

1 옷걸이봉 2개가 필요한데 옷걸이봉은 이불장이나 옷장 안에 쓰지 않는 것이 있으면 잘라서 사용해도 돼요. 없으면 아주 저렴하게 살 수 있고요.

2 원하는 위치에 봉이 걸릴 소켓을 왼쪽에 2개, 오른쪽에 2개 해서 4개를 달고 소켓에 가로로 옷걸이봉을 끼우면 1차 완성입니다.

3 바지걸이 훅을 이용해서 바지를 반으로 걸어만 주면 된답니다. 바지걸이 훅이 25개도 더 들어가네요. 훅 하나에 바지를 두 개씩 걸어도 되니까 바지가 생각보다 아주 많이 수납돼요.

4 바지걸이 훅이에요. 인터넷에서 사는 게 가장 편리하지만 돈 안 들이고 만들어 쓰는 방법도 있어요.

5 세탁소 옷걸이로 만들 거예요. 옷걸이는 니퍼로 자르고 옷걸이봉을 이용해 살짝 감으면 만들기가 생각보다 쉽답니다.

옷장 안에 있는 바지걸이는 바지가 많이 걸리지도 않고, 넣기도 꺼내기도 불편해서 이용하기 번거로웠어요. 간단하게 만들어서 바지도 많이 수납하고 편리하게 사용할 수 있는 방법을 소개할게요. 바지가 아주 많은 분은 반쪽 길이보다는 긴 길이로 만들면 바지가 가로로 50개도 더 걸린다는 것도 알아두세요.

준비물
옷걸이봉 3개, 세탁소 옷걸이, 신문지, 소켓, 니퍼, 바구니, 나사못, 선반

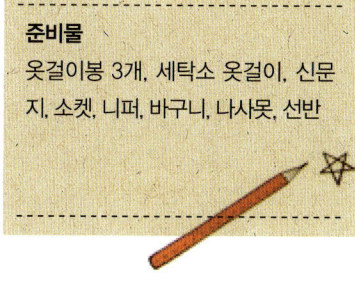

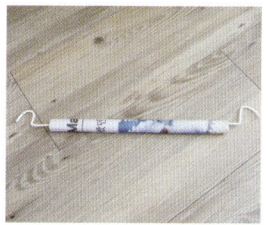

6 옷걸이를 그냥 사용하기보다 신문을 감으면 방충, 제습 등 여러모로 좋아요.

7 바지걸이가 해결되니 길게 걸리던 바지 자리가 아주 많이 남지요. 이제 바지걸이 바로 위 숨어 있는 공간을 활용할 거예요. 나사못 4개를 박고 그 위에 선반만 하나 올리면 뚝딱 수납공간이 만들어지지요. 선반 아래에는 바구니를 달아 또 활용하고요.

선반 위에는 보관용 니트류를 넣고 선반 아래 바구니에는 테이블 매트 등 가끔 사용하는 물건을 보관하면 좋아요.

REFORM

완성!

이렇게 해보세요

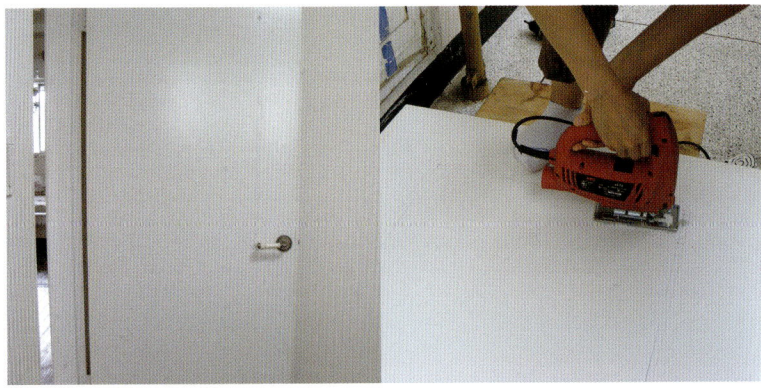

1 문을 톱으로 자를까 고민하다 후배에게서 직소기를 빌려왔어요. 직소기는 처음 사용하는 터라 전원을 켜면 손이 덜덜댔어요.

2 우여곡절 끝에 문이 잘라지기는 했으나 합판은 삐뚤삐뚤 뜯겨져 나가고 가관이죠? 과연 문이 만들어지기는 할지 걱정 반, 우려 반이에요.

3 철망에 하얀 페인트 옷을 입히고 새 시유리에 철망을 대보니 물체가 흐릿하게 보이는 게 예쁜 것 같기도 하죠?

4 몰딩을 붙일 거예요. 문이 삐뚤삐뚤 잘라져 몰딩 각이 맞지 않아 메꿈이로 해결했고요. 사각으로 테두리를 붙여서 유리 아랫부분에 프레임을 달았어요.

평범한 문 말고 망입유리가 달린 문을 갖고 싶어서 고민하다 도전했어요.
그런데 망입유리 가격이 너무 비싸서 철망을 달기로 했답니다. 기왕이면
카페보다 더 예쁜 철망을 달고 싶어요.

준비물
몰딩, 메꿈이, 새시유리, 철망

예쁜 철망이 달린 문이 완성됐어요.
철망 너머로 보이는 건 뭐든 예쁜 것 같지요?

베란다 꾸미기

1 밤색 새시에 하얀색 페인트칠을 했어요.

2 카페같이 멋지고, 분위기 있고, 운치 있으려면 파벽돌이 제격일 것 같아요. 벽돌을 바르고 줄눈을 반죽해서 벽돌에 줄눈을 완성하니 예쁘고 멋진, 세상에서 둘도 없는 나만의 공간이 되었어요.

주부에게도 자신만의 공간이 필요한데 마땅치 않아요. 이럴 때 베란다를 활용해보세요. 베란다는 빨래를 널거나 쓰지 않는 물건을 보관하다보니 제2의 창고가 되고 마는데요. 지금부터 베란다를 변신시켜볼게요.

준비물
페인트, 파벽돌

3 이곳에서 좋아하는 화초도 키우고 커피도 마시고 책도 읽고 음악도 듣고 하면 정말 행복할 거예요.

4 자투리 나무로 홈바도 만들고 의자도 만들었어요.

R E F O R M

서랍 이용하기

1 버려진 가구에서 서랍만 빼왔어요. 2개 들고 왔는데 그중 1개에서는 아랫단에 붙은 나무 1개만 망치로 빼냈어요.

2 아랫단에서 빼낸 자투리 나무는 서랍 가운데 부분에 중간 선반으로 끼우면 톱이나 도구 필요 없이 몇 분 만에 예쁜 다용도 선반이 만들어져요.

3 벽에 걸어놓고 예쁜 그릇을 코디해도 괜찮아요. 주방에 새로운 포인트 가구가 된 것 같아요.

4 서랍장 위에 올려놓고 간이 화장대로 사용해도 손색이 없어요. 물건도 많이 들어가고 귀여워요.

버려진 가구에서 빼온 서랍은 재활용이 이미 반 이상 완성되어 있다고 보면 맞아요. 그만큼 활용도가 높다는 얘기지요. 만들어진 선반 뒤쪽에 고리를 달아서 벽에 걸어도 좋고 어딘가에 세워놓고 사용해도 실용적이에요. 돈 한 푼 들어가지 않았으니 더욱 좋고요.

준비물
안 쓰는 서랍, 자투리 원단

자투리 원단을 가위로 잘라서
위에 얹으니 앙증맞죠?

REFORM 완성!

안방 창문

1 먼저 창문 크기를 재서 목재를 주문하고 목재가 도착하면 창문틀을 만들어요.

2 목공 본드를 발라 목재를 붙이고 본드가 마르면 사포질을 해서 다듬고요.

3 페인트 옷을 입히고 유리를 끼우든 철망을 달든 취향대로 해요.

4 창문이 완성되면 커다란 테두리 틀을 만들어요.

항상 옥탑방을 갖고 싶은 소망이 있었어요. 옥탑방 대신 예쁜 창과 덤으로
얻은 멋진 밖을 바라보면서 조금은 대리 만족을 해보려고요.

준비물
목재, 목공 본드, 철망
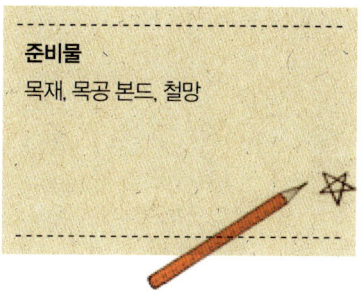

5 창문틀에 사각형 목재틀을 달고 완성
된 창문을 달면 거의 다 된 거예요. 창
문은 일자로 내리지 않고 더 예쁘게 보이
도록 30도 정도 열린 상태로 고정했어요.

양끝으로 커튼을 달았더니
좀 더 아늑하고 멋진 안방이 완성되었어요.

REFORM

화장대 거울

이렇게 해 보세요

1 가로 50cm 나무 2개, 세로 64cm 나무 2개를 액자형으로 주문했어요. 목공 본드를 이용해서 붙이기만 하면 틀이 완성돼요.

2 밑에 작은 화장품 올려놓을 선반도 자투리 나무를 이용해서 붙였어요. 이것이 귀찮은 분들은 생략해도 돼요.

3 5~6시간 뒤 본드가 굳으면 페인트 만 원하는 색으로 칠하면 끝이에요. 참 거울은 콘크리트 못 2개를 벽에 박고 걸 었어요.

목공틀로 간단히 화장대 거울을 만들 수 있어요. 같은 요령으로 만들어 집안 곳곳에 걸어보세요. 거울이 있어 현관 입구가 더 환해질 거예요.

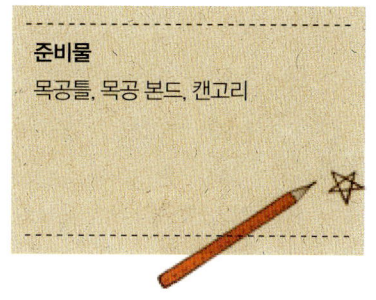

준비물
목공틀, 목공 본드, 캔고리

좀 더 예쁘고 멋지게 디자인하기 위해서
양옆에 갤러리를 달았어요.
갤러리는 순전히 장식용이지만
거울의 디자인을 더욱 살려주는 것 같아요.
고리 2개를 달아 벽에 걸었더니
예쁘네요.

이렇게 해보세요

1 폼보드지로 책꽂이를 정리할 거예요.

2 키가 높은 책장이라면 손이 닿지 않아 활용도가 낮은 제일 윗부분에 안 보는 책을 보관하고 또 그 부분에는 폼보드지를 가로, 세로 책장 1칸 사이즈에 맞게 오린 뒤 끼우기만 해도 지저분한 것들이 가려지고 한결 깔끔해요.

3 폼보드지를 작게 오려서 양면테이프로 붙이기만 해도 정말 문이 달린 것처럼 편하게 여닫고 사용할 수 있어요.

4 가짜 문으로 가렸으니 그 안에는 정리해도 지저분한 여분 A4 용지 같은 물건을 보관해도 좋아요.

5 화이트 벽을 이용하고 싶으면 뒤쪽에 칠판 시트지를 살짝 붙여서 메모지 용도로 앞뒤로 이용해도 되고요

책장에는 책만 꽂혀 있는 게 아니더라고요. 책을 꽂아도 좀 지저분해 보이는 부분이 있고요. 이럴 때는 책장에 문을 달아보세요. 자칫 밋밋할 수 있는 책장에 포인트가 되어 멋스럽게 느껴져요.

준비물
폼포드지, 칠판 시트지

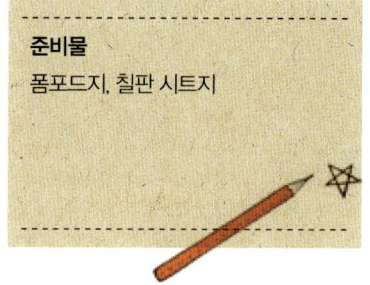

완성!

Tip

폼보드지를 이용한 책장 정리법

폼포드지는 여기저기 옮길 수 있어서 디자인도 멋지게 얼마든지 변형할 수 있고요. 여기저기로 옮겨주는 방법에 따라서 거실의 공간이 달라 보이지요. 저렴하고 멋진 생활 속 아이디어로 어수선한 거실에서 나만의 멋진 거실로 만들어보세요.

거실에는 대개 책장이 있잖아요. 하지만 아무리 정리를 잘해도 높은 책장과 책들 때문에 어수선해 보이는 건 어쩔 수 없죠? 폼포드지와 두꺼운 종이를 이용해서 쉽고 간단하게 정리하는 방법이 있어요. 책장의 가로세로 크기와 맞추어 폼포드지를 칼로 잘라서 활용하면 돼요. 높은 책장 때문에, 많은 책 때문에 어수선해 보이던 거실이 마술처럼 깔끔하게 정리돼 보인답니다.

STORAGE

PART
4

쓸모 있는 재활용

R

C

E

Y

C

L

E

과일팩 키친타월 보관함

이렇게 해 보세요

1 주위를 둘러보니 포도 상자가 눈에 들어왔어요.

2 먼저 윗면에 붙은 스티커를 떼어내고 페인트를 두 번 발라요.

3 이름표가 있으면 더 예쁠 것 같아 이름표도 달고 코사지 코디도 했어요.

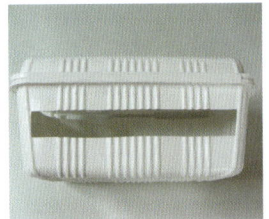

4 이번에는 티슈나 키친 타월이 한 장씩 쉽게 나올 수 있도록 아랫부분을 잘라요. 칼로 자르기 시작해서 가위로 마무리하면 깔끔하게 오려져요.

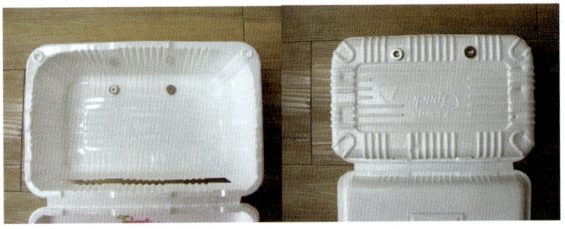

5 자석을 안과 밖에 동시에 하나씩 대니까 딱 달라붙어 있네요. 안에 꽃무늬 시트지를 붙이면 더 예쁘고요.

예쁜 키친타월 보관함을 사려니까 5만 원이 넘었어요. 그래서 직접 만들어보았어요. 냉장고 옆면에 붙여도 예쁘고 식탁 한쪽에 세워놓고 사용해도 멋지답니다.

완성!

냉장고에 붙이니
깔끔하고 잘 어울리죠?
키친타월 보관함이 있어
냉장고가 빛나요.

Tip

과일팩 롤티슈
갑티슈도 키친타월도 여기저기 놓고 사용할 데가 많아요. 집에서 많이 쓰는 두 루마리 화장지도 이렇게 보관할 수 있답니다. 키친타월 보관함과 같은 방법으로 만들면 되고요.

괘종시계 액세서리 정리대

1 무거운 유리는 떼어버리고 디자인이 예쁜 앞판만 사용할 거예요.

2 글루건으로 철망을 붙였고요.

3 철망과 틀에 흰색 페인트를 칠했어요. 페인트는 2~3번 칠하면 됩니다.

4 귀고리, 목걸이, 팔찌 등을 장식할 수도 있고 편리하게 사용할 수도 있는 예쁜 액세서리 정리대가 만들어졌어요.

5 철망이 있으니 귀고리는 고리를 철망에 끼우기만 하면 되고요.

재활용품 분리 배출하는 날이면 재활용장 주변을 어슬렁거리며 건질 것이 없나 살펴보는 버릇이 들었어요. 운 좋으면 대어가 눈에 들어오기도 하는데요. 괘종시계도 그중 하나예요. 괘종시계의 대변신, 기대하세요.

준비물
괘종시계, 철망, 세탁소 옷걸이, 글루건, 페인트

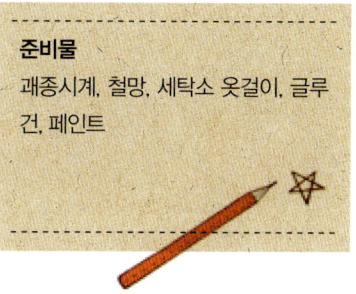

6 세탁소 옷걸이를 작게 S자 모양으로 만들어서 걸어두고 목걸이 같은 긴 액세서리를 걸면 돼요. S자를 좀 더 크게 만들어서 팔찌 같은 걸 걸면 되고요.

완성!

R E C Y C L E

완성품은 방문 뒤나 옷장문 등
잘 보이는 곳에 나사못을 이용해서
달아놓고 사용해도 좋아요.

머리띠 정리대

이렇게 해보세요

1 씻어 말린 분유통을 하나는 윗부분만 오리고 다른 하나는 위아래 모두 오리세요. 깡통 따는 걸 이용하면 손쉽게 할 수 있어요. 윗부분만 오린 건 세워놓고 사용할 거고, 위아래를 오린 건 걸어두고 사용할 거예요.

2 이렇게 페인트를 칠하면 완성돼요. 특별히 예쁜 무늬를 붙이지 않아도 머리띠를 끼우면 무늬는 모두 가려진답니다. 페인트질하기가 번거로우면 지투리 원단을 통에 감기만 해도 또 다른 디자인이 된답니다.

3 원단으로 감싸준 안쪽에는 집에 있는 토끼인형을 넣으니 토끼가 머리띠통 지킴이인 것 같은데요.

4 페트병을 필요한 높이로 오려서 3단이나 4단으로 쌓아도 흔들리지 않고 잘 포개져요. 페트병 1단~4단 안에는 머리띠나 액세서리를 정리하세요. 잘 안 쓰는 걸 밑에 두는 것은 기본이죠~

분유통을 이용해서 정리하기 힘든 머리띠 정리대를 만들 거예요. 다양한
방법을 소개할 테니 마음에 드는 걸 만들어보세요.

준비물
분유통 2개, 자투리 원단이나 페인트

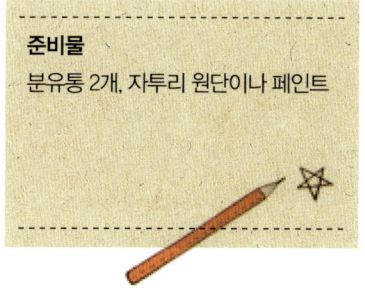

분유통 밖에는 머리띠를 두르고
안쪽에는 액세서리를 정리하니
꿩 먹고 알 먹고지요?
세워두고 사용할 공간이 없을 때
서랍 손잡이나 어디라도 걸어놓고
손쉽게 사용할 수도 있어요.
세탁소 옷걸이를 이용해서 하트 손잡이를
만들고 분유통 사이에 넣어주면 된답니다.

완성!

RECYCLE

머리핀 정리하기
1 A4 용지나 약간 두꺼운 종이를 이용해서 만들어도 좋아요.
2 가로로 길게 접은 종이를 이용해서 머리핀을 꽂으면 흐트러지지
  도 않고 어디로 도망가지도 않아 찾기 쉽고 깔끔해요.
3 머리띠도 머리방울도 머리핀도 분유통과 빨대 하나면 정리 끝~

바나나박스 활용

1 박스는 앞쪽에만 A4 용지나 시트지를 붙이고 가운데 부분에 칠판 시트지를 붙여 이름을 써넣으면 안에 있는 내용물을 쉽게 알 수 있어요. 코사지로 예쁘게 장식도 했고요.

2 위로 얼마든지 얹어도 튼튼하고 단단해요.

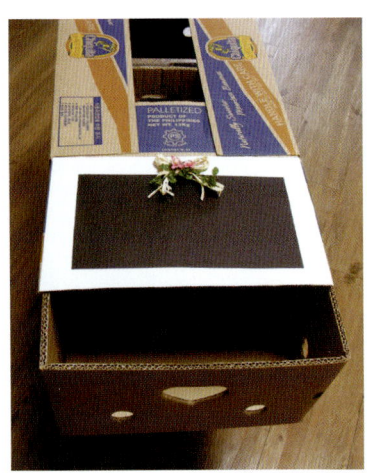

3 앞판의 양옆을 커터칼로 자르면 앞부분이 들리면서 안에 있는 박스를 당기면 앞으로 나오는 서랍식으로 바뀝니다.

마트에서 쉽게 구할 수 있는 열대과일 박스는 아주 튼튼하고 단단해서 베란다 창고 등에 사용하지 않는 물건을 보관하는 데 편리하고 요긴해요. 한꺼번에 구하기가 어렵다면 몇 개씩 여러 차례에 걸쳐 모아도 돼요. 이때 높이는 달라도 되지만 가로와 세로 크기는 같아야 정리용품으로 깔끔하게 활용할 수 있어요. 이 박스로 복잡한 창고를 정리하거나 장롱 위에 빈 공간이 있을 때 변형해서 활용하면 정말 좋아요.

준비물
바나나박스, A4 용지나 시트지, 칠판 시트지

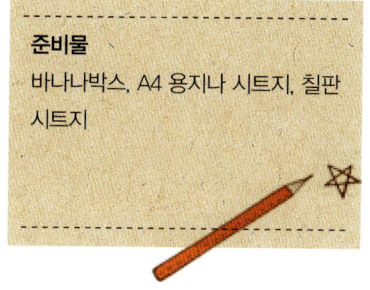

서랍식으로 변신했으니 사용하기도
훨씬 편하지만 그래도 무겁고 활용도 떨어지는 물건은
아래쪽에 놓는다는 것 잊지 마세요.

RECYCLE 완성!

RECYCLE 5 비디오케이스 만들기

이렇게 해보세요

1 피자상자에 자를 대고 커터칼로 똑같이 반듯하게 자르면 순식간에 비디오케이스가 2개 생긴답니다. 이때 높이는 필요에 따라 조절하면 되고요.

2 비디오케이스보다 두께가 두꺼워서 이 상자 안에는 끈으로 된 옷이 2개나 들어가네요.

3 원래 비디오케이스랑 섞어놓아도 잘 어울리지 않나요?

비디오케이스를 아무리 다양하게 이용할 수 있어도 구하기 힘들어서 엄두도 못 내는 분들 계실 거예요. 하지만 비디오케이스가 없다면 만들면 되잖아요. 만드는 방법도 알고 보면 아주 쉽거든요. 그런데 여기서 주의할 점이 있어요. 이 상자, 저 상자 섞지 말고 반드시 같은 상자로 만들어야 크기가 통일돼서 정리해도 깔끔하답니다. 피자상자의 경우 피자를 포장해올 때 카운터에서 몇 개 더 얻어오는 센스를 발휘해보세요.

준비물
피자상자, 과자상자

<u>과자상자로도 만들 수 있어요.</u>
<u>원하는 두께와 크기의 상자를 이용하면 되고요.</u>
<u>같은 상자 한 가지만 활용하는 팁을 지키면</u>
<u>깔끔하고 편리한 나만의 비디오케이스를</u>
<u>얼마든지 만들 수 있어요.</u>

완성!

R E C Y C L E

서랍 만들기

1 밝은 나무색이라 그냥 사용해도 깔끔해요.

2 흰색을 칠해도 좋고 고풍스러운 색을 원하면 커피를 이용해서 칠해도 예쁜 색을 만들 수 있어요.

3 당기기 쉽도록 손잡이도 달았어요. 서랍을 달 때는 슬라이드식 뚜껑만 빼서 뚜껑을 선반에 대고 나사못 2개를 달아요. 그다음 고정된 뚜껑 아래로 서랍을 넣으면 돼요.

4 물건들이 섞이지 않게 필요하면 두꺼운 종이로 칸막이도 만들어요.

5 이번에는 완성된 서랍 안에 정리해 볼까요? 1개에는 브러시 종류를 넣고 또 1개에는 작은 물건도 정리해요.

시중에서 쉽게 구할 수 있는 홍삼 상자로 숨어 있는 공간을 활용할 서랍 만들기에 도전합니다. 서랍은 만들어두면 안방 옷장 선반 아래, 책상 밑, 세탁실 어딘가, 싱크대 상부장 아래 등 숨어 있는 공간에 얼마든지 활용할 수 있어요. 하지만 꼭 필요한 장소에 달아야 공간도 살아나고 상자도 빛을 발한답니다.

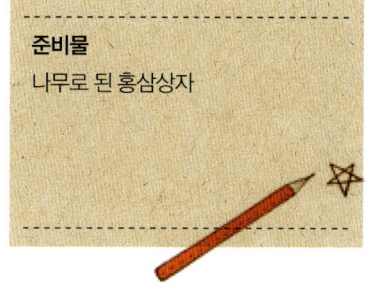

준비물
나무로 된 홍삼상자

홍삼 상자가 멋지게 활약해서
갤러리 장이 더 멋있어졌어요.

완성!

RECYCLE

Tip

커피로 색 내기
커피를 이용해 색 내는 법을 알려드릴게요.

이렇게 해보세요
1 커피로 색을 내는 데 필요한 것들이에요.
2 작은 그릇에 커피가루를 조금 따른 다음 물을 조금만 부으세요.
3 커피가 녹으면 비닐장갑을 끼고 스펀지를 이용해서 칠해도 되지만 저는 키친타월 1장을 이용해서 칠했어요. 진한 색을 원하면 물을 아주 조금만 넣어 조절하면 됩니다.
4 커피를 칠해서 예쁘게 물든 홍삼 상자, 또 다른 멋이 배어나오죠?

손잡이 활용

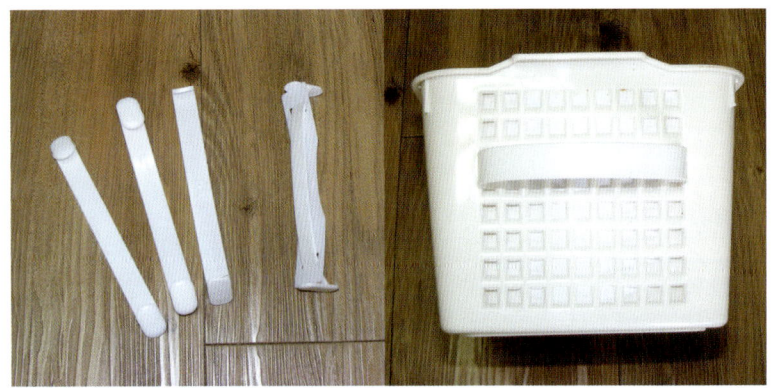

1 바구니 한 부분을 칼로 자르고 그 부분에 손잡이를 넣어요. 한번 들어가면 힘껏 당겨도 빠지지 않고 단단해요. 물론 다시 뺄 수도 있고요.

2 한 개보다는 여러 개를 통일했을 때 뭐든 빛을 발하잖아요. 손잡이 가운데에 이름표까지 붙이니 안에 무엇이 들었는지 한눈에 들어오네요.

커피믹스나 선물용 상자에 붙어 있는 일회용 상자 손잡이를 바구니에 달아 아주 요긴하게 활용하는 방법이 있어요. 별거 아닌 손잡이지만 관심 있게 지켜보니 크기도 여러 가지고 생각보다 튼튼해요. 아이 방 물건 정리 바구니에도, 옷장 안 바구니에도, 다용도실에서도 손잡이를 달면 꺼낼 때 훨씬 편해요. 힘 안 들이고 바구니를 살짝만 당겨도 미끄러지듯 당겨 나오거든요. 작은 손잡이의 변신이 정말 놀랍죠?

준비물
상자 손잡이

이렇게 주방 싱크대 아래
제자리에 넣었더니
그럴듯하네요.

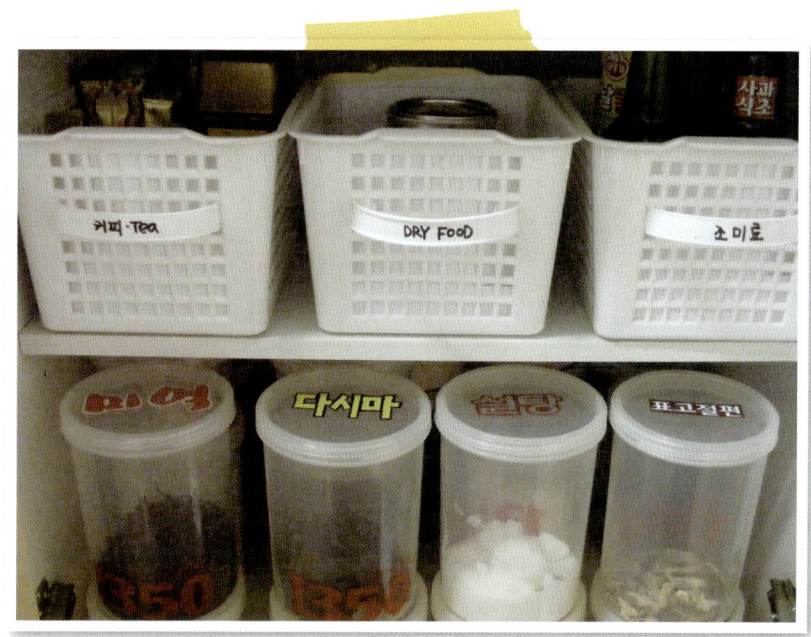

R E C Y C L E

Tip
바구니의 변신
1,000원짜리 바구니는 간단하게 리본 하나만 붙여도 아주 깜찍한 나만의 수납 도구로 변신한답니다.

139

RECYCLE 8 빈병 활용

이렇게 해보세요

1 빈 병을 깨끗이 씻어서 라벨을 떼어내고 꽃만 한 송이 꽂아도 식탁 위가 예쁘게 변신한답니다. 바로 우리 집도 카페가 되는 거예요.

2 병은 자투리 원단을 붙여도, 지끈으로 리본만 하나 묶어도 분위기가 바뀌지요. 예쁜 생화를 꽂아도, 조화를 꽂아도 깜찍하고요.

마시고 난 주스병 하나도 얼마든지 예쁜 소품이 될 수 있답니다. 혹시 카페 같은 데서 예쁜 주스병을 버릴 때 보면 챙기세요.

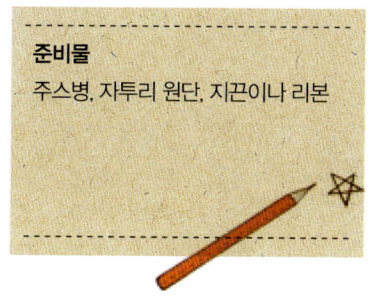

준비물
주스병, 자투리 원단, 지끈이나 리본

화장대 위나 콘솔 위,
거실장 위 어디에라도
놓는 순간 분위기가 바뀌어요.

이렇게 해보세요

1 요구르트병을 다양한 크기로 잘라서 예쁘게 시트지를 붙였어요.

2 크기가 작은 것에는 반지, 귀고리 등 각종 액세서리를 정리하고요. 액세서리가 많다면 위로도 2단, 3단 얼마든지 흐트러짐 없이 쌓을 수 있답니다. 사각이라서 각도 딱 맞고 공간 낭비 없이 활용도 100%예요.

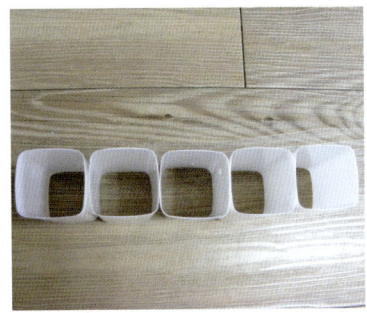

3 위아래를 뻥 뚫은 이 통은 5개를 붙였어요. 필요에 따라 4개도, 6개도, 7개도 가능하지요.

4 나사못을 이용해서 싱크대 하부장 문에 대고 드라이버로 살살 돌리면 아주 단단하게 박을 수 있어요. 위아래가 뚫렸으니 설거지해서 바로 정리해도 습기 걱정 없고 문 열 때 흔들려도 떨어질 걱정 없어요.

요구르트병이 얼마나 다양하게 활용되는지 아세요? 보기보다 단단하고 튼튼한 주방걸이 정리대. 실속 있게, 깔끔하게, 예쁘게 만들어서 활용하세요. 무한대로 변신하는 요구르트병, 귀엽고 깜찍하고 활용도 높은 요구르트병의 매력에 빠져보세요.

준비물
요구르트병, 시트지

5 이번에는 싱크대 서랍장에 활용했어요. 작은 티스푼들, 각종 자잘한 용품, 음식 시킬 때 딸려오는 소스를 모아서 정리해도 깔끔하고 필요할 때 찾기도 아주 쉽지요. 노란고무줄이나 철끈도 모아두면 쓸 데가 있어요.

6 서랍에 있는 자잘한 물건은 깔끔하고 찾기 쉽게 한눈에 들어오는 요구르트 정리함에게 맡겨주세요.

7 각자 가지고 있는 물건의 양이나 부피에 맞추어 요구르트병이 아닌 좀 더 큰 사각 페트병도 활용하면 좋아요.

Tip

요구르트병뚜껑 활용
지금까지는 요구르트 몸통의 예쁘고 깜찍한 변신을 많이 보여드렸죠? 이제는 요구르트병뚜껑의 더 멋진 변신을 보여드릴게요. 집집마다, 방방마다 전기콘센트가 있잖아요. 그런데 자세히 보면 콘센트 속에 먼지가 장난 아니에요. 안 쓰는 콘센트는 요구르트병뚜껑으로 간단하게 해결하세요.

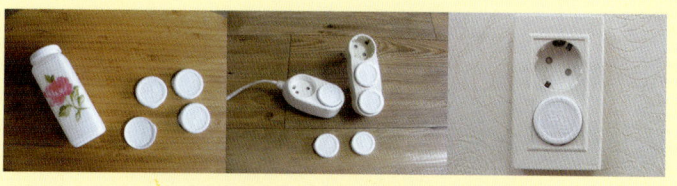

뚜껑 중 볼록 튀어나온 한쪽을 먼저 끼우면 콘센트에 쏙 들어가요. 자기 것처럼 꼭 맞지요. 사용하지 않는 콘센트에 뚜껑을 씌워 놓으니 먼지 걱정도 없고 콘센트가 훨씬 더 깔끔해 보이네요.

페트병 활용

냉장고 병 수납

냉장고 문 쪽 수납 활용 팁이에요. 냉장고를 청소할 때 보면 냉장고문에 뭐가 그리 많은지요. 그래서 공간도 모자라고요. 페트병이 해결사로 나섰습니다.

이렇게 해보세요

1 냉장고문에 이것저것 참 많네요.

2 문 쪽의 경우 키가 작은 물건들은 페트병을 이용하면 가로로 놓던 물건을 세로로 올려서 보관할 수 있어요.

3 페트병을 활용해서 물건을 보관하면 3개 정도까지 올라가니까 공간 활용이 많이 된답니다.

완성!

물론 페트병이 지지대가 되니까 절대 밖으로 떨어지지 않겠지요. 그리고 페트병이 투명해서 안에 무엇이 들어 있는지 잘 보이고요.

Tip

페트병 내용물 확인하기
불투명하고 단단한 페트병을 이용할 경우에는 사진처럼 앞면을 조금만 길게 자르면 안에 보관한 내용물을 잘 볼 수 있어요.

페트병은 재활용품으로 분리 배출할 수도 있지만 집안에서 요모조모 재활용할 수 있어요. 가볍고 다루기 쉬우며 쉽게 구할 수 있으니 부담도 없고요. 페트병이 얼마나 다양하게 변신하는지 같이 볼까요?

준비물
페트병, 페인트, 시트지

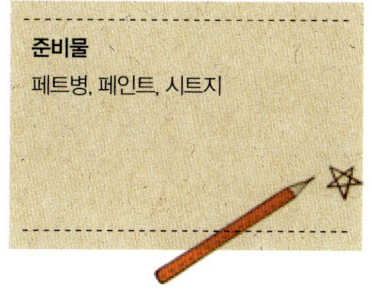

도마 정리

쟁반이나 도마 등은 세워놓으면 쓰러지고 미끄러져서 보관하기가 참 어렵지요. 보이는 곳에 꺼내놓으면 주방이 지저분해 보이고요. 이때 역시 튼튼한 페트병을 활용해보세요. 페트병이 미끄러지지 않고 보관할 물건들을 잘 세워준답니다. 바닥에서 떨어져서 세우니 습기 걱정 없이 깔끔하게 사용할 수 있어요. 위에서 보면 페트병은 안 보이고 물건들만 보이니 마술 같은 수납이 되면서 도마도, 쟁반도 편리하게 꺼내 쓰고, 쓰고 난 뒤에도 손쉽게 넣을 수 있어요.

이렇게 해 보세요

1 길이를 좀 더 자르고 페트병 가운데 부분의 앞뒤를 오렸어요.

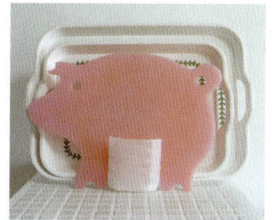

2 이렇게 오린 페트병은 주방 한쪽에 세워두고 사용하면 도마, 쟁반 등 길고 보관하기 어려운 것들이 간단히 해결돼요.

RECYCLE 완성!

드라이어통

드라이어 보관함과 매직기 혹은 고데기 정리함을 만들 거예요. 콜라페트병은 용량이 다양한데 드라이어 크기를 참조해서 되도록 꼭 맞는 페트병을 고르는 것이 중요해요. 처음부터 꼭 맞게 만들어야 흔들리지 않고 사용할 때도 훨씬 편하고 예쁘답니다.

이렇게 해 보세요

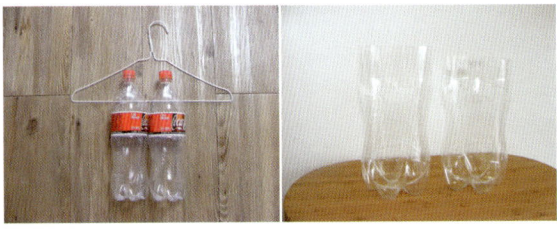

1 손잡이가 있는 것과 없는 것 두 가지로 만들 거예요. 손잡이 부분을 조금만 자르세요. 너무 많이 파면 지지하는 힘이 없어질 수 있거든요. 오리고 보니 손잡이 없는 것은 길이를 좀 더 길게 해도 좋을 것 같아요.

2 페인트를 한 번 칠하니 몸매도, 디자인도 아주 잘 보이지요.

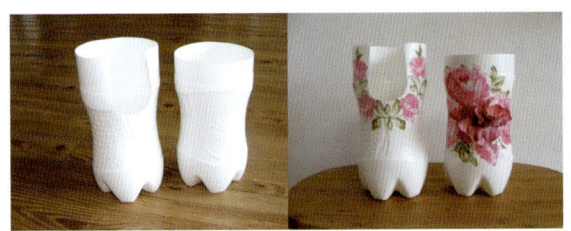

3 마른 다음 페인트를 한 번 더 칠하고 무늬 옷도 입히니 버려진 페트병이 반짝반짝 멋지게 신상품으로 변했어요.

4 이제 손잡이를 달 차례예요. 옷걸이를 일자로 펴서 하트와 고리를 만들어 손잡이를 완성했어요.

5 손잡이를 페트병에 끼우면 되는데 페트병에 구멍은 어찌 뚫어야 할까요? 아주 간단해요. 나사못 1개를 구멍 뚫을 위치에 대고 드라이버로 넣었다 빼면 구멍이 생기고 그 자리에 옷걸이 손잡이를 끼우면 되거든요.

6 화장실에 걸어두어도, 화장대에 세워두어도, 변기 위에 올려놓아도 예쁜 보관함이 만들어졌어요. 필요한 곳에 놓고 편리하게 활용하세요.

컵 정리대

주방에서 아주 유용한 페트병 활용기예요. 생수병보다 식혜페트병이 훨씬 튼튼해서 더 안전하고 색깔도 하얘서 더 예뻐요. 사용할 때 흔들려도, 일부러 흔들어도 절대로 쓰러지지 않고 안전하게 컵을 보관할 수 있고요. 같은 걸로 여러 개 만들어서 싱크대 안에 조르르 세워두고 사용하지 않는 컵을 보관해보세요.

이렇게 해보세요

1 상표를 떼어내고 위를 잘라내요.

2 앞부분 한쪽만 길게 오리면 간편한 컵 정리대가 만들어져요. 가위로 오리기가 어려우면 가위와 칼을 같이 사용해도 돼요.

3 오려진 앞부분에 보관할 컵의 손잡이 부분을 넣으면 가로로 컵 하나 들어갈 자리에 세로로 쌓아서 머그잔은 4개, 커피잔은 5개가 들어가요.

완성!

RECYCLE

휴지통

책상에서 공부하거나 작업하다 보면 지우개가루 같은 작은 쓰레기가 나오잖아요. 바로 앞에 쓰레기통이 있으면 좋겠지만 책상에 휴지통까지 둘 자리는 없지요. 이럴 때 작은 쓰레기통을 만들어 책상 위의 휴지통으로 쓰면 그만이랍니다. 눕혀놓고 사용해도 좋고, 세워놓고 사용해도 좋아요.

이렇게 해보세요

1 0.5mL 페트병으로는 작고 앙증맞은 미니 쓰레기통을 만들고 2mL 페트병으로는 마트 비닐 보관함을 만들 거예요.

2 페트병을 가로로 자르고 다시 한 번 세로의 한쪽 앞부분만 잘라요. 두 개를 끼우면 하나의 통으로 연결돼요.

3 페인트로 속옷을 입히고 꽃무늬 겉옷을 입혀 앙증맞은 통을 만들었어요.

4 쓰레기통을 비울 때 양쪽으로 쏙 빼면서 털면 신기하고 재미있어요.

완성!

삼총사 가운데 크기가 큰 것은 주방에서 정리가 잘 안 되는 마트 비닐 정리함이에요. 이 보관함의 특징은 크기를 조절할 수 있다는 점이에요. 사용하다가 필요하면 더 크게도, 더 작게도 조절할 수 있으니 정말 편리해요.

티슈통

주유소나 길거리에서 사은품으로 받아서 집안 곳곳에 굴러다니는 일회용 화장지들을 처리하는 방법이 있어요.
작은 통에 넣어 필요한 곳에 여기저기 놓고 사용해보세요. 안 쓰고 방치하던 사은품 화장지들을 예쁜 통 때문에
라도 먼저 사용할 것 같지 않나요?

이렇게 해보세요

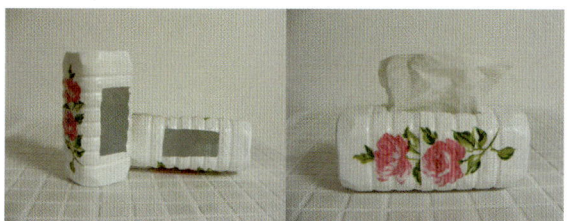

예쁜 통에서 쏙쏙 뽑아 쓰니 활용도가 뛰어나지요?

머리를 더 써볼게요.
여기저기 옮기려면 들고 다닐
손잡이가 필요하겠지요?
세탁소 옷걸이로 뚝딱 만들 수 있어요.
좀 더 앙증맞아졌지요?

RECYCLE

완성!

정리함

정리함은 많아도 다 쓸모가 있기 때문에 만드는 김에 한 번에 많이 만들어도 좋아요.

 이렇게 해보세요

1 페트병은 원하는 높이로 잘라서 페인트를 칠해요.

2 1번, 2번, 3번 정도 칠하면 하얗고 깔끔하게 페인트 옷이 입혀져요.

3 예쁜 무늬를 딱풀로 붙이면 완성이에요.

4 이름표를 달아도 좋고 그냥 사용해도 좋아요.

5 이제 페트병을 여기저기 활용할 거예요. 세탁소 옷걸이를 달았더니 리모컨 정리함이 되었어요. 거실에 굴러다니는 각종 리모컨도 이곳에 보관하세요.

6 이번에는 책상 위를 정리해요. 여기저기 어수선한 필기구들을 찾기 쉽고 깔끔하게 한 곳에 모아요. 책상을 어지럽히던 필기구를 정리하니 속이 다 시원하죠?

7 주방으로 가요. 국수 등 여러 가지 식품 보관함으로 사용하니 주방이 깨끗해졌어요. 몇 개 더 만들어서 정리하기 힘든 식품을 깔끔하게 보관하고 찾기 쉽게 정리하세요.

8 사무실은 물론 가정에서도 필수품이 된 커피믹스 등 차 종류를 보관해보세요. 예쁜 페트병 덕분에 차 맛이 더 좋아질 것 같지 않나요? 기분 좋게 차 한 잔 마시는 행복, 아시죠?

> **Tip**
>
> **페트병 글자 지우기**
> 페트병에 있는 글자는 아세톤만 있으면 깔끔하게 지울 수 있어요. 보이는 순서대로 글자를 지우고 필요한 모양으로 오리면 된답니다.
>
>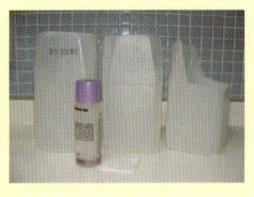

옷장 문에 숨어 있는 공간을 활용해보세요.
한 줄에 4개씩 아래위로 달고
또 다른 쪽에는 위에만
달아도 되니 활용도가 높죠?
여기에는 스카프, 모자,
벨트, 손수건 등 자주 사용하는 것들이나
보관하기 힘든 소품을 넣으세요.